예능,
유혹의 기술

예능,
유혹의 기술

초판 1쇄 발행   2017년 3월 27일
초판 2쇄 발행   2018년 5월 24일

지 은 이   이승한
펴 낸 이   최용범

편   집   박강민, 김종오
경영지원   강은선

펴 낸 곳   페이퍼로드
출판등록   제10-2427호(2002년 8월 7일)
주   소   서울시 마포구 연남로3길 72 2층
전   화   (02)326-0328
팩   스   (02)335-0334
이 메 일   book@paperroad.net
홈페이지   http://paperroad.net
블 로 그   blog.naver.com/paperroad
포 스 트   http://post.naver.com/paperroad
페이스북   www.facebook.com/paperroadbook

I S B N   979-11-86256-69-5 (03320)

예능,
유혹의 기술

예능에서 배우는 기획과 설득의 기술

이승한 지음

페이퍼로드
paperroad

나의 작은누나에게

기획이란 말의 뜻을 예능으로 곱씹으며

어떤 단어는 너무 흔한 나머지 그 원래 의미가 희미해지기도 한다. '아무 탈이나 걱정이 없이 편안'하다는 의미의 '안녕'이 그렇고, '어떤 대상을 매우 좋아해서 아끼고 즐기는 마음'이라는 의미의 '사랑'이 그렇다. '자기 PR의 시대'라는 말이 유행했던 1990년대에는 'PR'이라는 단어가 그 원래 의미를 알수 없을 만큼 지나치게 남발되곤 했고, '통섭의 시대'라는 구호가 허공을 메우던 지난 10년간은 '막힘이 없이 여러 사물에 두루 통함'이란 뜻을 모르고도 '통섭'이란 단어를 사용하는 이들을 만날 수 있었다. 물론 크게 이상한일은 아니다. 사람이 단어를 배울 때 사전적 정의로만 그 의미를 배우는 게아니라, 남이 그 단어를 어떤 맥락으로 사용하는지 관찰하고 그를 통해 의미를 파악하기도 하니까. 하지만 종종 새삼스레 궁금해질 때가 있다. 지금내가 말하고 읽고 쓰는 이 단어의 정확한 의미는 어떤 걸까?

내게는 오랜 시간 '기획'이 그런 단어였다. "이런 걸 기획하면 어떨까?" "어떤 기획으로 승부하느냐가 관건이야" 따위의 문장을 아무렇지 않게 쓰면서도, 기획이 구체적으로 의미하는 바가 무엇인지 딱히 궁금해한 적이없었기 때문이다. 뒤늦게 허겁지겁 찾아봤더니 기획의 정의는 대략 이와 같다. 행정학과 사회학이 말하는 기획은 '어떤 대상에 대해 그 대상의 변화를 가져올 목적을 확인하고 그 목적을 성취하는 데에 가장 적합한 행동을 설계하는 것'이고, 국방과학기술사전은 '목표를 설정하여 이에 따르는 대체 행동방안을 선택, 방침을 결정하는 과정이며, 목표를 달성하기 위하여 가장 경제적이고 효율적으로 자원을 배분하여 최선의 방책을 수립하는 과정'이라 설명하는 모양이다. 어느 쪽이든 모두 풀어쓰면 목표한 대상으로부터 어떠한 변화를 이끌어내기 위해 무엇을 어떻게 하면 좋을지 고민하는 행위를 총칭하는 의미다.

그렇게 생각하면, 우리는 기획이란 단어의 의미를 모르면서도 하루하루를 기획하고 집행하며 살아온 셈이다. 대입 실기에서 내 재능을 어떤 식으로 입증하면 좋을지를 기획하고, 대학교 조별과제에서 어떤 식으로 발표를 하면 교수의 마음을 사로잡을 수 있을지를 기획하고, 이력서와 함께 첨부할 자기소개서에서 날 어떻게 보여줄지를 기획하고, 마음에 드는 상대를 사로잡기 위해 어떤 식으로 고백할지를 기획하고, 결혼 승낙을 받기 위해 상대의 부모를 만날 때 어떤 인상을 보여줄지를 기획한다. 상대를 설득하고 도발하고 유혹하고 튕기는 방법을 고민하는 것이, 사실은 가장 본능적이고 원초적인 형태의 기획이었던 셈이다. 과장을 조금 섞어 말하면, 우리의 일상은 수많은 기획의 연속으로 이뤄진 건 아닐까? 직업적인 기획자들이 들으면 심상할 이야기일 수도 있겠으나, 이렇게 무언가를 기획하는 행위야말로 인류가 문명을 구축해온 과정 그 자체다.

기획에 대한 책을 내자는 제안을 냉큼 수락한 것은 그런 이유였다. 일평생 기획이나 경영의 언어로 이야기해본 적 없고, 경력 전부를 TV 프로그램과 영화와 가수들에 대한 글을 쓰며 살아온 나로서는 그쪽 분야와는 거리가 멀다고 생각했다. 그러나 다시 고쳐 생각해보니, 난 나도 모르는 사이 기획에 대한 이야기를 하고 살아왔던 것이었다. 대중문화가 관객을 향해 손길을 뻗고 제 매력을 뽐내 상대를 매료시키기 위해 취하는 거의 모든 일들이 사실은 기획의 일부니까 말이다. 심지어 방송가에서 기획이란 단어는 훨씬 더 포괄적으로 사용된다. 새로운 프로그램을 고민하는 것도 기획이고, 전에 없던 포맷을 고안해내는 것도 기획, 프로그램 안에 어떤 새로운 아이템을 도입할 것인가 고려하는 것 역시 기획이며, 작품을 무슨 요일 몇 시대에 편성할지도 기획, 하물며 이번 주 게스트는 누구를 섭외할지 회의를 거치는 과정도 기획이라 지칭한다. 시청자라는 '대상'의 마음을 호감으로 '변화'시키기 위해 하는 모든 행위가 기획인 셈이다.

실로 사소한 차이에서 프로그램이 얻는 시청률과 평판, 온라인에서의 버즈가 천양지차로 달라진다. 잠깐 예를 들어볼까? 타 채널에서 성공한 포맷을 곧잘 흉내 내는 KBS 예능국이 〈마마도〉에서 거둔 처절한 실패와 〈해피선데이〉 '슈퍼맨이 돌아왔다'에서 얻은 압도적인 성공 사이에 그리 큰 차이가 있는 게 아니다. 〈마마도〉는 tvN 〈꽃보다 할배〉의 성공 요인 중 하나가 멤버들 사이에 이미 완성된 케미스트리를 고스란히 가져오고 그 안에서 자연스레 친밀감을 캐치해낸다는 사실을 파악하지 못했고, 해서 첫 방송을 멤버들이 프로그램에 임하는 자세를 담아 자기소개를 하는 어색한 광경으로 채웠다. 자신들이 〈꽃보다 할배〉를 따라한 게 아니라는 강변을 출연진의 입을 빌려 말하게 한 것은 덤이었다. '코끼리는 생각하지 마'라는 말을 듣는 즉시 코끼리 생각만 하게 되는 것처럼, 〈마마도〉는 첫 방송부터 〈꽃보다 할배〉와의 비교를 피할 수 없었다. '슈퍼맨이 돌아왔다'는 어땠을까? 분명 MBC 〈우리들의 일밤〉 '아빠, 어디 가?'를 벤치마킹해왔지만, 제작진은 사람들이 가장 보고 싶어 하는 건 아이들과 아빠 사이의 교감이지 여행을 가는 과정이 아니란 사실을 파악했다. 프로그램의 전략을 어떻게 파악하고 어떻게 집행하느냐, 아주 사소한 차이가 두 프로그램의 행방을 갈랐다.

　이 책은 내내 이런 이야기를 할 것이다. 이 프로그램은 어떻게 성공을 거뒀고 저 프로그램은 어쩌다 끝내 실패로 기록되었는가. 같은 방식으로 프로그램에 접근했는데 왜 어제는 성공했고 오늘은 실패하는가. TV 산업에 종사하는 사람들이 쇼를 만드는 과정에서 어떤 고민을 하고 어떤 전략을 사용했는지를 살펴봄으로써, 기획에 사용되는 크고 작은 전략들에 대해 다시 한번 생각하게 하는 것이 이 책의 가장 큰 목적이다. 평생을 경영의 언어로 사고하고 글을 써온 훌륭한 기획자들의 저술에 비할 바는 못 될 것이나, 우리가 무심코 웃으며 넘기는 주말 예능 프로그램을 만드는 이들이나 한 채널의 드라마 편성 전략을 만드는 이들, 채널 전체의 톤 앤 매너를 빚어내는 이들의 치열한 고민을 함께 살펴보고 싶었다. 나아가 그를 통해 읽는 이가 그 전략을 자신의 것으로 흡수할 수 있는 계기를 만들고 싶었다.

물론 이 뒤엔 오랜 시간 TV를 진지한 비평이나 분석의 대상으로 보지 않는 이들을 향해 이것이 몹시 섬세하고 중요한 산업임을 증명하고 싶었던 내 개인적인 욕심도 없지 않음을 고백한다. 한국 최초의 TV 방송인 HLKZ-TV가 개국한 1956년 5월 12일 이래 지금까지, TV 산업 종사자들은 한국에서 가장 치열하게 사람의 마음을 훔치려 뛰어다니는 사람들이다. 그런 의미에서, 이 책은 그들의 고민과 노고를 조망함으로써 보내는 수줍은 러브레터인지도 모르겠다. 맨날 평론이랍시고 거칠고 날카로운 말들로 프로그램을 해부했지만, 그 모든 게 사실은 사랑이었다는 이상한 고백.

첫 책이다 보니 감사하고 죄송한 분들이 한둘이 아니다. 늦어지는 원고에도 포기하지 않고 참을성 있게 게으른 글쟁이를 이끌고 와주신 페이퍼로드의 최용범 대표님, 그리고 이 책의 기획과 편집을 거쳐간 모든 편집자들, 김정주, 정현우, 김대한, 김종오, 박강민 씨에게 감사와 미안한 마음을 전한다. 아울러 이 책의 상당 부분을 차지한 〈채널예스〉의 연재 일정을 함께 견뎌준 엄지혜 〈채널예스〉 기자님, 책 낸다더니 그 책은 대체 언제쯤 볼 수 있는 거냐며 채근해준 친구들과 가족들에게도 감사의 인사를 전한다. 이들이 없었다면 난 아직도 아무것도 이루지 못한 채 공상만 하고 있었을 것이다. 그리고 무엇보다, 세상을 떠난 나의 작은누나 이경화에게 이 책을 바친다. 날 때부터 선천적인 장애를 가지고 있었던 누나는 잦은 골절과 부상 때문에 집에 누워 있던 시간이 길었는데, 그런 누나에게 TV는 늘 곁에 있는 친구가 되어주었다. 누나의 침대 옆에 앉아서 두 사람이 나란히 TV를 보고, 녹화해둔 옛날 TV 프로그램들을 다시 보고, 함께 프로그램에 대한 수다를 떨었던 것이 내 TV 인생의 원체험이었다. 그러니 이 책은, 1990년대의 많은 날들을 TV에 대한 수다로 채웠던 한 소녀와 소년의 세계를 기획한 이들에 대한 책이다.

2017년 서울에서

이승한 쓰다

1장. 2등이 승리하는 법

2장. 기울여가는 기획을 일으키는 법

3장. 선두 주자가 움직이는 법

4장. 시대의 욕망을 읽는 법

1장

2등이 승리하는 법

1

소소한 실패들을 두려워하지 마라

: 유재석식 오합지졸물

한국만의 문제는 아니겠지만, 우리는 유달리 실패를 정면으로 응시하는 걸 꺼린다. 물론 사람들은 실패가 성공의 어머니라거나, 한 번 실수는 병가지상사 같은 말을 쉽게 주고받는다. 그러나 정작 자신이 실패했던 경험을 되돌아봐야 할 때나 혹은 당장 눈앞에 벌어진 실패를 납득해야 할 때, 우리는 애써 외면하거나 그 사실을 부정하려고 한다.

대체 왜 그런 걸까? 실패를 받아들이는 연습이 안 된 채 말로만 실패를 받아들이라고 외쳐왔기 때문이다. 실패를 있는 그대로 받아들이고 그를 통해 배우는 것은 머리로 안다고 해서 되는 일이 아니라, 부단한 마음의 준비와 연습이 필요한 스킬이다. 성공을 예찬하고 위만을 바라보라고 강박적으로 배워온 한국 사회의 구성원들에겐 그게 좀처럼 쉬운 일이 아닌 것이다. 실패를 해도 괜찮다고 독려받아본 경험이 없으니 실패로부터 배워야겠다는 생각보다는 그로부터 멀리 도망쳐야겠다는 생각이 먼저 들고, 남들이 자신에게 그랬듯 자신 또한 남들의 실패를 일단 나무라고 보는 악순환의 반복. 머리로만 알고 실천이 안 되는 건 연습이 안 되어 있기 때문이다.

이 챕터에서는 유재석이 수많은 시행착오와 실패를 반복해서 경험해가며 마침내 자신이 생각하는 이상적인 버라이어티의 형태인 '유재석식 오합지졸물'의 문법을 완성하는 과정을 살펴보고, 그가 전작의 실패에서 보완점을 찾아내어 다음 작품에 반영해온 행보를 함께 관찰해보려 한다. 유재석은 한국에선 보기 드물게, 많은 실패와 시행착오를 겪으면서도 본인의 기획을 꺾거나 외면하지 않고 꾸준히 발전시켜온 사람이다. 우린 전 국민의 마음을 사로잡아 전례 없는 성공을 거둔 사람 또한 수많은 실패와 좌절, 지독하게 길었던 무명 시절을 통해 빚어진 사람이라는 걸 상기할 필요가 있다.

막말로, 천하의 유재석도 수년간 실패와 시행착오를 거듭했는데 우리가 뭐라고 한두 차례의 실패에 모든 것을 포기한단 말인가? 유재석의 행보를 살펴보며 실패를 있는 그대로 받아들이고 그로부터 취할 것을 찾는 태도를 배워보자.

부족하고 모자란 이들의 자기 증명

'그 오랜 앙금이 이렇게도 풀리는구나.' 2016년 방영된 〈무한도전〉 릴레이 웹툰 특집 편에 〈신과 함께〉의 주호민 작가가 출연한 장면을 보며 복잡미묘한 심사에 잠긴 만화 팬이 나 혼자는 아니었으리라. 유재석 본인이 알고 있는지는 몰라도, 주호민 작가와 유재석 사이엔 썩 유쾌하지 않은 사연이 있기 때문이다. 시청자들에게 양서를 소개한다는 명분으로 시작한 코너인 MBC 〈느낌표〉 '책책책 책을 읽읍시다'의 한 에피소드에서, MC 유재석과 김용만은 인터뷰에 응한 시민이 감명 깊게 읽은 책으로 〈슬램덩크〉나 〈북두신권〉, 〈미스터Q〉 등의 만화를 이야기하자 킥킥거리며 웃었다. 그것은 마치 만화는 프로그램이 추구하는 '양서'의 카테고리에 미치지 못한다는 선언과도 같아 보였고, 이에 격분한 전국의 만화 팬들과 만화가협회는 MBC에 항의했다.

결국 이 갈등은 언론중재위의 사과권고와 '책책책 책을 읽읍시다' 한국 만화 특집을 거쳐서야 간신히 봉합됐다. 이때 격분했던 아마추어 만화가들 중엔 20대 초반의 주호민도 있었다. 격분했던 주호민은 〈북두신권〉의 주인공 켄시로가 만화를 비웃는 김용만과 유재석을 처단하는 내용의 만화를 그리기도 했다. 이런 사연을 아는 사람들에겐 유재석이 만화에 대한 사랑을 고백하고, 주호민이 온화한 표정으로 그를 바라보며, 두 사람이 한 앵글에 잡혀 다정하게 대화를 주고받는 장면이 조금은 독특한 감회로 다가왔을 것이다.

당혹스러운 과거와 수많은 실패가 오늘의 '유느님'을 낳았다

전 국민적인 사랑을 받는 이들의 거칠었던 과거, 다듬어지지 않은 옛 실수를 보는 건 분명 당혹스러운 일이다. 특히 유재석처럼 압도적인 지지와 사랑을 받는 이들이라면 더더욱. 그러나 본인도 기회가 닿을 때마다 언급하는 것처럼, 유재석이 지금과 같은 위치에 오르기까지는 아주 오랜 시간이 걸렸다. 사석에서는 천재적인 입담과 재치를 선보였지만 카메라 앞에만 서면 울렁증을 주체할 수 없어서 버벅대기 일쑤였고, 수차례 연예인 생활을 그만두려다 그때마다 만류하는 동료들의 응원에 못 이겨 다시 하루를 버티고는 했다.

만약 그가 콩트 코미디에서 배역을 받지 못해 좌절하다가 끝내 코미디언으로서의 길을 접었다면, KBS 〈서세원쇼〉 '토크박스' 이후 밀려드는 패널 섭외 정도에 만족했다면, 무엇보다 KBS 〈남희석 이휘재의 한국이 보인다〉에서 처음 선보였던 '지존을 찾아서' 코너의 실패 이후 비슷한 포맷에 대한 욕심을 버렸다면 오늘날의 유재석을 보긴 어려웠을 것이다. 이 시기 유재석은 시행착오를 반복하면서 자신을 돋보이게 하는 포맷을 고안해왔고, 나름의 확신을 가지고 밀어붙여왔으며, 그 포맷을 성공적으로 안착시키는 과정에서 지금의 위치에까지 오를 수 있었다. 우리는 그 포맷을 유재석식 오합지졸물이라 부른다.

유재석식 오합지졸물을 거칠게 정의하면 이렇게 설명할 수 있을 것이다. '찌질하고 못난 사람들이 모여서 좌충우돌하는 쇼.' 좀 더 상세히 적자면, 예닐곱 명 정도의 멤버들이 메인 MC를 중심으로 모여 성공하기 어려워 보이는 미션에 도전하면서 그 준비 과정에서 망가지고 뒹구는 모습을 보여주는 버라이어티 쇼. 아마도 쫄쫄이 유니폼을 갖춰 입은 멤버들과 폼폼을 흔들고 있는 치어리더들의 이미지 정도를 덧붙이면 완벽할 것이다. 프로그램 이름이든 도전이든 쓸데없이 비장하지만 결국 내용물을 자세히 뜯어보면 유치하고 실수투성이인 어린 시절 골목대장 놀이를 성인판으로 옮긴 것에 불과한 유아적인 세계, 물론 이런 식의 포맷을 유재석이 처음으로 고안했다거나 유재석만이 잘하는 포맷이라고 이야기하긴 어렵다.

연예인들이 이런저런 스포츠나 마술 등의 미션을 배우고 도전하는 포맷은 주병진이 노사연과 함께 1990년대 〈일요일 일요일 밤에〉에서 선보인 '배워봅시다' 코너가 효시 격이라 할 수 있고, '무딜' 이경규, '허우대' 박수홍, '만갑형님' 조형기와 '태릉인' 윤정수 등 명확한 캐릭터성을 내세우며 안정적으로 '오합지졸물'을 안방극장에 안착시킨 것은 2002년에 첫 전파를 탄 〈일요일 일요일 밤에〉 '대단한 도전'이었다.

이 '대단한 도전'이 대성공을 거두는 동안, 유재석은 반복된 실패를 경험하고 있었다. 시작은 2000년 KBS 〈남희석 이휘재의 한국이 보인다〉 '지존을 찾아서'와 '인정사정 볼 것 없다'로 '대단한 도전'보다 한발 먼저였지만, 자리 잡지 못하고 간판을 내리는 일들이 반복됐다. 2003년엔 KBS 〈슈퍼TV 일요일은 즐거워〉에서 '천하제일 외인구단'이라는 코너로, 2004년엔 방송국을 옮겨 SBS 〈일요일이 좋다〉 '유재석과 감개무량'이라는 코너로 선보였다가 문을 닫아야 했다.

다시 시도하라, 또 실패하라, 더 낫게 실패하라

이미 수차례 이런저런 이유로 좌절을 맛본 분야, 그것도 자신보다 더 잘해내고 있는 후발 주자가 있는 분야를 기회가 닿을 때마다 꾸준히 도전한다는 것은 쉽게 이해가 가는 행보는 아니다. 실패의 누적은 '해봤지만 안 되더라'라는 단념의 좋은 알리바이가 되어주니까. 심지어 그 당시 유재석이 오합지졸물 말고 할 포맷이 없는 사람도 아니었다. 지금과 같은 압도적인 일인자는 아니었다 해도 유재석은 이미 A급 MC 반열에 올라 있었다.

그가 오합지졸물에서 반복되는 실패를 거듭하던 시기 진행하던 다른 프로그램들의 목록은 화려하기 그지없다. MBC 〈목표달성 토요일〉 '스타 서바이벌 동거동락'(2000), KBS 〈슈퍼TV 일요일은 즐거워〉 'MC 대격돌 공포의 쿵쿵따', MBC 〈느낌표〉 '책책책 책을 읽읍시다'(이상 2001), KBS 〈해피투게더〉, 〈슈퍼TV 일요일은 즐거워〉 'MC 대격돌 위험한 초대', SBS 〈실제상황 토요일〉 'X맨', 〈진실게임〉(이상 2003), MBC 〈유재석 김원희의 놀러와〉, SBS 〈일요일이 좋다〉 '반전드라마'(이상 2004)까지. 지금 잘되는 것에 집중하기 위해 꿈을 조금 미룬다고 해서 유재석을 나무랄 사람은 없었다. 오히려 기껏 안정적으로 성공을 거두다가 말고 예전에 이미 실패했던 일을 다시 도전한다고 달려드는 쪽이 상식적으로 더 이해하기 어려울 테니까. 그러나 열거하기도 숨 가쁜 성공의 사이사이에, 유재석은 기회만 닿으면 예전에 실패했던 포맷을 다시 들고 왔다. 마치 이 실패를 반복할 밑천을 쌓기 위해 다른 곳에서 성공을 거둬왔다는 듯.

그 시기의 유재석은 무슨 생각으로 계속 같은 실패를 반복했던 것일까? 2006년 웹 매거진 〈매거진t〉 창간 특집 인터뷰에서 유재석은 "자라오면서 받았던 콤플렉스들, 설움들을 모아서 표출해보고 싶었"다고 말했다. "마음속에만 간직했던, 평생 간직해야 할지도 몰랐던 소망들을 하나씩 꺼내"는 '자아실현' 버라이어티. 2008년 1월 〈코스모폴리탄〉과의 인터뷰에서는 이렇게도 말했다. "멋진 분들이 나오는 버라이어티가 많을 때" 자신은 "많이 부족"한 이들도 "그냥 밟지만 말"고 지켜봐주면 "우리도 꽃 피울 수 있"다는 마음을 보여주고 싶었다고.

어떤 의미에선 이 포맷을 성공시키는 과정 자체가 이 자아실현 버라이어티의 구조와 닮아 있다. '평생 간직해야 할지도' 모르는, '많이 부족'한 이들이 꽃을 피워 올리는 버라이어티에 대한 '소망'을 '실현'하는 과정이었으니 말이다. 그래서 더더욱 이 포맷의 성공에 반복적으로 매달려왔던 건지도 모른다. 반복된 실패인 채로 끝난 시도는 끝내 안 되는 일로 기록될 뿐이지만, 끝내 성공을 거두면 성공을 위해 감내해온 시행착오로 기록된다. 유재석식 오합지졸물이 '끝내 안 되는' 포맷으로 기록되느냐, 아니면 실현이 되느냐가 거기에 달려 있었다.

유재석이 제 확신을 기회가 닿을 때마다 밀어붙이는 과정은 흡사 사무엘 베케트의 〈최악을 향하여^{Worstward Ho}〉의 한 구절을 연상시키는 여정이었다. "다시 시도하라. 또 실패하라. 더 낫게 실패하라." 그리고 그 여정은 끝내 2005년 MBC 〈목표달성 토요일〉 '무모한 도전'을 만나 꽃을 피우기 시작한다. 자신보다 한발 앞서 오합지졸물의 성공 사례로 기록된 MBC 〈일요일 일요일 밤에〉 '대단한 도전'의 조연출 출신인 김태호 PD와 함께.

더 낮게 실패하라는 것은 무엇을 뜻하는가

윤태호 작가의 웹툰 〈미생〉 시즌 1에서 가장 숨 막히는 대목은 장그래가 요르단 중고차 사업을 다시 해보자는 제안을 영업 3팀에 던지고, 그게 기업 차원에서 집행되는 과정이다. 영업 3팀은 이미 원 인터내셔널이 진행하던 요르단 중고차 사업에 비리가 얽혀 있다는 사실을 밝혀냈고, 그 때문에 요르단 중고차 수출 사업이 다시 이야기를 꺼내기 껄끄러운 금기어가 된 직후의 일이다. 그런데 사업을 올스톱시킨 당사자가, 비리를 걷어내고 좋은 사업으로 만들어서 다시 추진하잔 제안을 한 것이다. 밖에서 바라봤을 때는 실패의 이유와 그 결과, 개선방안을 객관적으로 계산할 수 있지만, 실패를 한 당사자 입장에서 그것을 냉정하게 살피는 것은 어려운 일이다. 묻어두고 다른 방향으로 어서 도망가고 싶은 것이 사람의 당연한 심리다. 그런 것을 고작해야 기업 내부 먹이사슬의 말단 중의 말단인 2년 계약직 신입사원이 다시 후벼 파는 광경이란, 말이 쉽지 견디는 게 쉽나.

실패를 복기하는 일의 괴로움을

참고 견디는 것은 쉬운 일이 아니다

이처럼 실패를 냉정하게 되돌아보는 것은 누구에게나 어려운 일이다. 개인이든 비영리단체든 기업이든, 프로젝트의 실패는 시간과 노동과 돈의 성과 없는 지출을 의미한다. 그 실패가 가져다준 정서적 충격에서 벗어나는 것도 쉬운 일은 아닌데, 그 쓰디쓴 결과에 이르기까지 누가 어떤 말도 안 되는 실수를 했으며 어떤 지점에서 주어진 환경에 잘못 대처했는지 되돌아보는 것은 기껏 벗어난 정서적 충격 안으로 다시 다이빙하는 짓이나 다름없으니까. 언뜻 체감이 안 된다면, 지금 휴대폰의 녹음기 어플을 꺼내어 자신이 말하는 것을 녹음해서 다시 들어보자. 내 귀로 들었을 땐 들리지 않았던 목소리의 단점, 우스꽝스러운 발음과 군더더기투성이의 말버릇 같은 것이 비로소 들리기 시작할 것이다. 별다른 실수나 실패가 없는 일상의 회화조차 녹음을 거쳐 객관적인 입장에서 다시 들어보면 끔찍하기 짝이 없는데, 하물며 처절한 실패 이후 그 과정을 다시 복기하는 일은 어떻겠는가.

미국과 일본에선 이미 제법 오래전부터 여러 학자들이 '실패학failure study'이란 이름으로 실패 과정을 연구하고 있다. 스스로 개척자의 나라라 자부하며 오랜 세월 실패의 역사가 누적된 미국이나, 한국보다 20~30년 앞서 버블과 경기침체를 경험한 일본은 실패에서 배워야 한다는 담론이 나올 만큼 많은 실패를 쌓아왔다. 우리나라는 어떨까? 이 개념이 한국에 소개되기 시작한 건 불과 10년이 조금 넘었다. 물론 '실패는 성공의 어머니' 같은 말들이 그전이라고 돌아다니지 않았던 건 아니다. 그러나 전후 압축성장을 경험하며 세계에서 유례없는 성장속도를 기록한 국가는 좀처럼 실패를 용납하지 않는 법이다. 실패는 지연을 뜻하는 것이고, '빨리빨리'의 나라에서 지연은 무능과 동의어나 다름없다. 고속성장의 동력으로 무한경쟁을 독려해온 한국 사회가 무능을 용인할 리 없다. 실패는 한국 사회에서 아주 오랜 시간 죄악이었고, 못 본 척하고 넘어가고 싶은 '흑역사'였다.

그런 의미에서 유재석이 같은 포맷을 수차례 실패를 거듭하면서도 반복해서 시도했다는 점은 한국에선 드문 일이고, 그만큼 주목할 만한 일이다. 앞서 언급했던 것처럼 굳이 같은 실패를 반복하는 것 말고도 충분히 다른 옵션들이 있었음에도 꾸준히 재시도했다는 점은 이례적인 사례이기도 하지만, 그가 단순히 '똑같은' 포맷을 될 때까지 반복해서 시도한 것이 아니라 앞선 실패에서 쌓은 경험치를 교훈 삼아 조금씩 보완을 거치며 거푸 다시 시도를 해왔다는 점, 다시 말해 '더 낫게 실패하'는 것을 반복해왔다는 점에서도 유재석식 오합지졸물이 자리를 잡은 과정은 천천히 음미할 만하다.

KBS 〈남희석 이휘재의 한국이 보인다〉 '지존을 찾아서', '인정사정 볼 것 없다'에서 처음 선보인 '오합지졸에 어딘가 빈틈이 많은 연예인들이 떼로 모여 무언가에 도전한다'라는 포맷은 그 뒤에 나온 작품들에서도 고스란히 유지됐지만, 그 골격을 채우는 디테일에는 눈에 보이지 않는 자잘한 변화들이 꾸준히 시도되었다.

앞선 실패에서 버릴 것과 취할 것을 분석해야
다음 도전으로 나아갈 수 있다

이를테면 '지존'에게 도전한다는 콘셉트는 '지존을 찾아서'에서 KBS 〈슈퍼TV 일요일은 즐거워〉'천하제일 외인구단'으로 이어졌고, 지금도 종종 〈무한도전〉에서 유명 스포츠 스타들을 게스트로 초대할 때마다 재차 활용된다. 코너 오프닝 영상에서 큼지막하게 날아오던 '至尊(지존)'이란 글씨를 기억하는 이들이 여전히 많을 것이다. 그러나 같은 콘셉트를 유지하면서도 '천하제일 외인구단'에선 멤버들이 지존에게 도전하기 위해 대비훈련을 한다는 콘셉트가 대폭 강화됐다. 단순히 지존과 오합지졸 멤버 사이의 현저한 실력 차이에서 오는 우스꽝스러운 상황만이 웃긴 것이 아니라, 그걸 이겨보겠다고 발버둥을 치는 멤버들을 지켜보는 재미 또한 쏠쏠하다는 사실을 깨달은 것이다.

또한, 대결 자체에서는 쉽게 도드라지기 어려운 개별 멤버들의 캐릭터를 충분히 탐구할 시간을 가진다는 점에서 훈련시간에 많은 분량을 안배한 것은 현명한 선택이었다. 육각모를 쓴 훈련 교관들이 등장해 멤버들을 펄 밭에 굴리고 오리걸음을 시키는 과정은 훗날 MBC 〈목표달성 토요일〉'무모한 도전'에까지 그 흔적을 남긴다.

나름의 성과를 거둔 유재석은 '천하제일 외인구단'의 종영 이후에도 같은 도전을 해볼 기회를 얻는다. 비록 종영했으나 가능성을 거두면 다시 도전할 수 있는 기회를 잡는 건 상대적으로 쉬워지니까. 그렇게 다시 잡은 기회인 SBS 〈일요일이 좋다〉 '유재석과 감개무량'(2004)에서 유재석은 '지존인 누군가'에게 도전하는 것이 아니라 '무언가'에 도전한다는 개념을 시도한다. 비록 훈련과 연습 과정이란 개념 없이 끊임없이 도전만 하느라 앞서 구축해둔 '천하제일 외인구단'에서의 강점을 살리지 못했지만, 우리는 이 과정에서 유의미한 변화를 비교 · 관찰할 수 있다.

첫째, 지존인 누군가에게 도전하는 것만이 아니라 무언가에 도전하는 것으로 범위를 넓히는 순간 다룰 수 있는 아이템은 많아지고 뽑아낼 수 있는 그림도 더 다양해진다는 것. 둘째, 훈련과 연습 과정이 있느냐 없느냐에 따라서 캐릭터 구축과 몰입도가 달라질 수 있다는 점. 아마 그러한 변화를 체감한 것이 시청자인 우리만은 아니었을 것이다. 유재석은 이러한 변화를 '무모한 도전'에서 이어가는데, 멤버들이 열심히 훈련해서 지존이 아닌 동전 개수기나 황소, 모기향 따위와 대결한다는 콘셉트는 앞선 실패들에서 비교 · 분석한 개별적인 장점들을 모두 모은 결과다.

'이런 훈련이 과연 미션 성공에 도움이 되긴 하는 걸까' 하며 자문하고 생고생을 해가며 훈련을 해서 도전하는 게 기껏 모기향과의 모기 잡기 대결이라는 이 말도 안 되는 부조리와 찌질함의 극치

라니. 한 분야의 지존과 대결한다는 근사한 변명거리도 없고, 인간적 존엄 따위 앞의 훈련 과정에서 이미 다 소진했으니 대결이 끝나면 한 톨 남김 없이 완전연소하고 마는 '무모한 도전'은 오합지졸의 끝이었다. '무모한 도전'이 그나마 단순 폐지가 아니라 〈무한도전〉으로 이어질 때까지 1년가량 계속될 수 있었던 것은 몇 년 사이 유재석의 대중적 인지도가 상승했던 탓도 있겠으나, 이렇듯 앞의 실패들에서 걸러낸 성공비결들을 모아 정수만을 남겨 매니아들의 컬트적인 인기를 확보한 덕도 크다. 그리고 이 콘셉트는 아예 '무언가에 도전'한다는 요소를 떼어버리고 멤버들의 캐릭터와 찌질함만을 극대화한 '퀴즈의 달인'으로 이어졌다.

실패를 되돌아보는 괴로움을 참아내야
정신에 근육이 붙는다

유재석이 이렇게 유독 실패를 되돌아보고 분석하는 데 강한 이유는 무엇이었을까. 물론 본인이 오합지졸물에 대한 애착이 컸던 탓도 있지만, 아마 본인이 오랜 무명 시절을 거쳐오면서 자괴감을 극복하고, 성공한 다른 동료들의 방송 습관과 자신의 방송 습관을 비교·분석하며 올라온 사람이란 점 또한 컸을 것이다. 많은 이들이 지적하는 것처럼 유재석의 진행 스타일은 먼저 성공한 여러 동료의 스타일들과 조금씩 닮아 있다. 게스트에게 공간을 최대한 열어주며 경청하고 빠르게 캐릭터를 잡아주는 스타일은 송은이의 진행 스타일에서, 사소한 요소를 잡아 상대를 빠르게 몰아가면서 상황을 끌어내는 것은 강호동의 진행 스타일에서 영향을 받은 흔적을 발견할 수 있다.

자기 개인의 실패를 분석하는 괴로움을 참아내고 성공한 선발 주자의 장점을 벤치마킹하는 것을 반복한 사람에겐, 실패를 단순한 실패로 두는 것이 아니라 거기에서 배울 것을 찾아내는 것을 감내할 만한 정신의 근육이 생긴다. 게다가 모든 벤치마킹은 끊임없이 방송 일 자체를 그만둬야 하나 하는 뿌리 깊은 회의와 그것을 이겨내고 다시 무명 기간을 견뎌내는 과정의 반복 속에서 이뤄졌다. 제 실패를 외면하는 게 아니라 근본적인 회의가 들 때까지 깊이 들여다보고 다시 올라와 보완하는 과정. 이렇게 스스로 실패를 되돌아보고 앞의 실패에서 보완점을 찾아 재차 시도하는 유재석의 특징은 오합지졸뿐 아니라 유재석의 다른 프로그램들에서도 발견할 수 있다.

어제의 실패를 내일의 나침반으로 삼아라

애플의 연혁에서 종종 의도적으로 무시되곤 하는 제품 중 가장 의미심장한 제품은 1993년에 개발된 PDA '뉴턴' 메시지 패드다. 이 제품은 모든 PDA의 아버지라는 칭호를 얻었음에도 시대를 지나치게 앞서간 시도였던 탓에 판매량이 처참할 정도로 저조했다. 그런 이유 때문이었을까. 뉴턴은 스티브 잡스의 애플 복귀 직후 단종됐고, 그 이후 지금까지 애플의 공식 석상에서 제대로 된 언급을 받아본 적 없는 제품이다. 해서 애플의 '덕후'가 아닌 이상 뉴턴을 기억하는 사람들은 거의 없다.

그러나 알고 보면 뉴턴이야말로 오늘날의 애플을 가능케 한 제품이다. 다른 이들이 아닌 바로 그 실패작 뉴턴의 개발인력이 거의 고스란히 아이폰과 아이패드의 개발 팀으로 흡수된 것이다. 무엇이든 완전히 새로운 것을 선보인다는 식의 제품소개를 선호했던 잡스의 성향 탓에 언급이 덜 되었을 뿐, 뉴턴이 선도적으로 확립한 개념-액정 스크린에 직접 글과 그림을 입력할 수 있고 지식을 탐색할 수 있는 포터블 디바이스 – 은 아이폰과 아이패드로 고스란히 이식되어 엄청난 성공을 거둔다. 이 두 제품이 각각 정전식 풀터치 스마트폰과 태블릿 PC라는 카테고리를 새로 발명하다시피 했다는 걸 고려하면, 단지 애플의 오늘을 가능케 한 제품일 뿐만 아니라 '모바일 시대'를 연 제품이라고 해도 과언은 아니다. 실패한 개념이라 해서 묻어두는 대신, 성공할 수 있는 시간과 조건을 노려 새롭게 시도해 성공을 거둔 것이다.

뉴턴이 없었다면 아이폰이 없었을 것이고
'방바닥 콘서트'가 없었다면 <슈가맨>도 없었을 것이다

유재석에게도 뉴턴과 같은 아이템이 제법 있다. 앞서 이야기한 유재석식 오합지졸물을 제외하고도 그 수가 상당하다. 실패를 성공으로 바꾼 경험이 많다는 건 뒤집어 이야기하면 그만큼 많은 실패를 했다는 걸 의미한다. 누군가는 "에이, 무명 시절 길었다는 건 누구나 아는 일인데"라고 이야기하겠지만, 그가 MBC 〈무한도전〉을 안정궤도에 올리는 데 성공한 2006년 이후에도 유재석은 꾸준히 실패와 시행착오를 겪어왔다.

2007년 SBS 〈일요일이 좋다〉 '뉴 엑스맨'이 끝나고 2008년 '패밀리가 떴다'를 성공시키기 직전까지 1년 2개월가량, 유재석은 〈일요일이 좋다〉에서만 세 개의 프로그램에 참여해 세 번의 실패를 맛봐야 했다. 박명수, 신정환, 하하와 함께한 '하자Go'는 꾸준히 "이게

'엑스맨'과 뭐가 다른가"라는 비판에 시달리다가 채 두 달을 못 채우고 종영이 됐고, TV의 모든 프로그램이 생방송이던 시절을 예능에 접목해 재현해보겠다는 나름 원대한 꿈을 가지고 시작한 '옛날 TV' 또한 5개월 만에 종영이 됐다. '기적의 승부사'는 방송 3개월 만에 극약처방을 한다며 코너명을 '기승史'로 바꿨지만 7개월을 넘기지 못했다. 물론 그렇게 오랜 실패를 반복하고도 다시 기회를 받을 수 있을 만큼의 위치에 있었기에 다양한 시도 역시 가능했겠지만, 적어도 흔히 생각하는 것처럼 손대는 프로그램마다 성공을 거두는 '미다스의 손'은 아니었다는 점은 특기할 만하다.

이를테면 유재석이 무명 시절 KBS 정통 코미디 무대에서 '남편은 베짱이' 코너 정도를 제외하면 이렇다 할 성공을 거두지 못했다는 건 모두 알고 있는 사실이지만, 그가 기껏 MBC 〈목표달성 토요일〉 '스타서바이벌 동거동락'과 KBS 〈슈퍼TV 일요일은 즐거워〉 'MC 대격돌 공포의 쿵쿵따'로 인기를 얻은 이후에 자신이 성공하지 못했던 지점인 정통 코미디에 다시 도전하기 위해 다른 프로그램들을 접고 SBS 〈코미디타운〉을 시도했던 건 많은 이들이 잊고 있는 사실이다.

버라이어티 MC로서의 자질은 인정받았으나 자신의 본류인 정통 코미디에서 거푸 실패를 경험한 유재석은, 그럼에도 멈추지 않고 〈무한도전〉 내에서 끊임없이 콩트 코미디를 선보였다. 물론 과거 〈코미디타운〉을 같이 했던 정준하, 자신과 비슷한 시기에 MBC 정통 코미디의 명맥을 잇고 있던 박명수, KBS 〈개그콘서트〉 출신의 정형돈이 있었기에 가능한 도전이었을 것이다. 하지만 동시에 유재석 본인이 꾸준히 정통 코미디에 대한 애정을 가지고 시도하지 않았다면, 〈무한도전〉 내 콩트 시리즈 '무한상사'나 '명수는 12살' 시리즈가 자리를 잡는 일은 요원했을 것이다.

유재석의 필모그래피를 따라가다가 '어, 이거 어디서 본 것 같은데?' 하는 기시감에 사로잡히는 건 흔한 일이다. 〈무한도전〉 '무한도전TV' 특집(2009)은 멤버들이 어설프게 TV 프로그램을 재현한다는 점에서 어딘가 〈일요일이 좋다〉 '옛날TV'(2007)의 흔적이 진하게 묻어 있고, JTBC 〈투유 프로젝트 – 슈가맨〉(2015~2016)은 〈무한도전〉 '토요일 토요일은 가수다'(2014)의 흔적만큼이나 팬과 가수의 만남을 매개로 한 음악 토크쇼를 표방했던 MBC 〈놀러와〉 '방바닥 콘서트 – 보고 싶다'(2012)의 흔적이 짙은 시도였다. 비록 프로그램 자체는 실패로 기록됐지만, KBS에서 '남자 토크 쇼'를 표방하며 선보인 〈나는 남자다〉(2014)가 MBC 〈놀러와〉 '트루맨쇼'(2012)의 확장판이었다는 건 많은 이들이 지적했던 바다. '트루맨쇼'가 방영 당시 나름의 반응을 얻었음에도 시청률을 만회할 시간적 여유를 얻지 못하고 석연치 않은 과정을 통해 끝내 폐지되고 말았던 아쉬움과 거기에서 발견한 가능성을 새롭게 시도해본 것이다. 이쯤 되면 유재석이 거둔 성공은 미다스의 손이라기보단 비가 올 때까지 기우제를 지내는 탓에 매번 성공으로 기록된다는 '인디언 기우제'에 가까운 행보라고 해석해도 좋을 것이다.

한때 유재석과 함께 한국 예능계를 양분했던 강호동과 유재석의 차이가 여기에서 갈린다. 강호동은 씨름 선수 시절부터 세금 과소 납부 문제로 잠정은퇴를 결단하기까지 단 한 차례도 이렇다 할 큰 실패를 맛본 적 없는 사람이다. 해서 잠정은퇴와 복귀 이후의 부진의 행보는 다소 불안하다. 꾸준히 상승세를 타며 성공을 했던 강호동은, 이제서야 자신이 시도한 프로그램들이 실패하고 커리어가 통째로 흔들리는 경험을 하고 있다. 그렇기에 되돌아보고 배울 만한 실패의 데이터베이스가 많지 않다.

반면 유재석이 최근 시도했다가 큰 수확을 거두지 못한 일련의 프로그램들 - 〈나는 남자다〉, SBS 〈동상이몽 - 괜찮아 괜찮아〉 (2015~2016) - 의 실패는 큰 불안요소로 여겨지지 않는다. 우리는 유재석이 실패하는 과정을 여러 차례 지켜봤고, 그가 실패했던 아이템을 폐기하지 않고 잘 보관해뒀다가 소맷자락에서 다시 꺼내어 성공을 일구는 모습을 자주 봤기 때문이다.

실패가 권장할 만한 일은 아니지만,
그렇다고 외면할 일은 더더욱 아니다

우리는 흔히 '실패를 두려워하지 마라'는 조언을 비웃곤 한다. 실패한 이후 다시 일어서는 게 극도로 힘든 한국과 같은 불신 사회에서 실패를 두려워하지 말라는 조언이 얼마나 공허한 말인지 알기 때문이다. 막말로 나의 실패를 저 사람이 책임져줄 것도 아니지 않나. 하지만 한 가지는 확실하다. 실패가 굳이 권장할 만한 체험은 아니지만, 실패를 죄악시하고 뒤돌아보지 않으려는 습관이 도움 되진 않는다는 것이다. 그 어떤 거대한 성공도 실패와 시행착오 없이 한 번에 성취되지 않고, 실패를 제대로 돌아보지 않으면 다시 도전해볼 기회도 더 낫게 시도해볼 기회도 없다. 그런 의미에서 '나의 실패'와 조금은 더 친해지는 태도가 우리 모두에게 필요한지 모른다.

이와 더불어 타인의 실패에 보다 관대해지는 태도, 더 나아가 실패를 한 사람도 다시 도전할 수 있을 만큼의 위치를 확보할 수 있는 제도적인 안전장치 마련이 필요하다. 유재석이나 애플과 같은 위대한 혁신가도 한 번에 성공하지는 못하니 말이다. 물론 누군가는 "그건 유재석과 애플 이야기"라고 할지 모르지만, 유재석과 애플도 실패 끝에 성공을 거두기 전까진 지금처럼 추앙받는 이들이 아니었다. 유재석에겐 '옛날TV'와 '지존을 찾아서'가 있었고, 애플에겐 '뉴턴'이 있었다. 당신의 '뉴턴'과 '지존을 찾아서'는 무엇인가?

2

당신의 전장은 당신이 결정해라

배 열두 척으로 적선 300여 척을 궤멸시킨 이순신 장군의 명량해전을 이야기할 때 우린 흔히 "신에겐 아직도 열두 척의 배가 있습니다"라는 결연한 의지나 "살고자 하면 죽을 것이요, 죽고자 하면 살 것이다"라는 장군의 외침을 먼저 이야기한다. 임전무퇴의 정신 자체는 나쁠 것이 없으나, 구체적인 맥락을 생략한 채 '생즉사 사즉생'만 외치다 보면 결국 성과는 없고 고생만 죽어라 하는 결과로 이어지곤 한다. 정신력으로 승부하면 이기지 못할 것이 없다는 식의 갑갑한 당부 말씀을 논하는 간부의 목소리를 들은 기억, 아마 한국에서 직장생활을 해본 이라면 누구나 하나쯤은 있을 것이다.

이미 많은 사람들이 알고 있는 것처럼, 이순신 장군의 믿을 수 없는 승리는 단순한 의지의 승리가 아니라 여러 가지 요인을 기민하게 계산한 결과였다. 조선 수군과 일본 수군의 화력 차이, 운용하는 배의 특성, 서둘러 보급선을 이어야 하기에 마음이 급해진 일본 수군의 심리까지 세밀하게 계산한 이순신 장군이 심혈을 기울여 결정한 건 '어디서 싸울 것이냐'의 문제였다. 진영을 뒤로 물리고 물리기를 거듭했던 조선 수군의 행보는 얼핏 후퇴하는 것처럼 보였겠지만, 사실은 물살이 거세고 종잡을 수 없는 데다 폭이 좁아서 타지인들이 쉽게 물길을 잡을 수 없는 울돌목으로 일본 수군을 유인하기 위함이었다. 자신은 잘 알고 적은 잘 알지 못하는 전장으로, 적은 병력으로도 능히 대군을 막아내는 게 가능한 지형으로, 이순신 장군은 계획한 바를 이룰 수 있는 곳에서 싸우기로 결정하고 상대를 유인한 것이다.

세상 모든 기획이 이와 다르지 않을 것이다. 어떤 환경을 배경으로 두고 내 계획을 펼치느냐에 따라 똑같은 기획이 성공하기도 하고 실패하기도 한다. 이번 장에서는 유재석의 〈무한도전〉과 강호동의 〈우리동네 예체능〉, 이경규의 '남자의 자격'이 각각 자신의 기획이 가진 강점을 최대한 살릴 수 있는 환경을 찾아 들어가 재기의 모멘텀을 잡아내는 장면을 함께 살펴보자. 나의 울돌목은 어디인지 꼼꼼히 찾는 것의 중요성은 아무리 강조해도 모자람이 없는 일이니까.

'무리한 도전'이 <무한도전>으로 부활하기까지

여기 골치 아픈 프로그램이 하나 있다. 나름대로 탑클래스 MC를 데려와서 토요일 황금 시간에 배치한 프로그램이다. 몸개그와 황당무계한 미션들을 일삼는 야외 버라이어티 프로그램인데, 특유의 막 나가는 진행으로 마니아층은 사로잡았으나 시청률이 그 컬트적인 인기에 따라주질 않는다. 멤버도 교체해보고 미션의 강도도 높여봤는데 시청률은 좀처럼 다시 오를 줄 모른다. 아무래도 다른 프로그램을 론칭해야 할 것 같아. 이미 예능국 상부에서 나름의 마음의 결정도 내렸고, 그 자리를 대체할 만한 다른 프로그램도 슬슬 준비될 무렵이었다.

"제가 메인 PD로 연출을 맡아보고 싶습니다." 입사 4년 차, 서른하나의 젊은 PD가 미련을 놓지 못했다. 어차피 폐지 이야기가 나오는 프로그램인데 여기서 떨어지면 뭐 얼마나 더 떨어지겠어. 방송국은 프로그램에 마지막 기회를 줬다. 다들 알고 있겠지만, 이 골칫덩어리 프로그램은 MBC 〈강력추천 토요일〉의 코너 '무리한 도전'이었고, 겁도 없이 메인 PD 자리에 간 입사 4년 차 PD는 김태호 PD였다.

앞서서 〈무한도전〉을 유재석의 반복된 실패의 여정이 누적되어 거둔 성취로 해석했다면, 이제는 프로그램이 선택한 공간을 중심으로 살펴보자. 소와 줄다리기를 하고 동전 분류기와 동전 세기 대결을 하던 '클래식' 시절부터 10년 넘게 〈무한도전〉을 봐왔던 하드코어 팬들이라면 아마 그 시절에도 〈무한도전〉은 이미 충분히 재미있는 프로그램이었다고 말할 것이다. "박명수 씨는 에이스가 아니었습니다!"라는 외침, 어떤 도전을 해도 처절하게 망가지고 마는 멤버들의 몸부림, 그리고 그 모든 아수라장 속에서 표정의 미동 하나 없이 판정을 내려주는 박문기 심판의 조합은 지금 다시 봐도 유효한 조합이니까.

그러나 같은 콘셉트가 오랜 시간 반복되어오며 점차 쇼를 봐야 하는 이유가 줄어들고 있었다. 첫째, 무슨 도전을 해도-매주 실패해 왔으니 이번 주에도 또-실패할 게 자명해 보이는데 굳이 봐야 할 이유가 무엇인지 알 수 없었다. 종목이 바뀌어도 늘 비슷한 그림이 반복되는 탓에, 쇼가 빠른 속도로 예측 가능한 패턴을 재생산하는 구조가 되어버린 것이다. 둘째, 그 와중에 쇼가 제대로 자리

잡히기도 전에 멤버 구성이 자꾸 바뀌니 쇼에 정을 붙이는 건 점점 더 어려워졌다. 앞서 유재석식 오합지졸물의 특징 중 하나가 캐릭터의 성격을 명확하게 함으로써 시너지가 생기는 캐릭터 코미디라고 지적한 바 있었다. 그런데 멤버 구성이 자꾸 바뀌어서는 캐릭터 성격도 분명히 할 수 없고 당연히 화학작용도 기대하기 어려웠던 것이다.

그리고 셋째, 무엇보다, 계속해서 야외녹화를 하는 게 맞는지 답이 나오지 않았다. 야외에서 오합지졸 멤버들이 모여 도전을 핑계로 몸개그를 펼치고 망가지는 좌충우돌이 프로그램의 핵심인데 무슨 소리인가 싶은 이도 있을 것이다. 그러나 그 시절만 하더라도 유재석은 멤버들 사이에서 지금과 같은 압도적 일인자가 아니었고, 체력 또한 지금과는 비교가 안 될 정도로 약해 녹화가 오래 지속되면 종종 현장 장악력을 잃었다(그때까지만 하더라도 유재석은 MBC 〈느낌표〉 '책책책 책을 읽읍시다', KBS 〈일요일은 즐거워〉 '천하제일 외인구단' 등 실외에서 하는 예능에서의 성취보단 SBS 〈진실게임〉, KBS 〈해피투게더〉, MBC 〈놀러와〉 등 실내 예능에서의 성취가 압도적으로 높은 MC였다는 사실을 상기해보자).

압도적인 완력과 파괴력을 자랑하던 정형돈, 사운드가 빌 틈을 주지 않던 노홍철, 경력으로 보나 나이로 보나 완력으로 보나 유재석의 통제범위 안에 들어오지 않던 조혜련…. 유재석은 이런 멤버들을 아우르며 쇼의 재미를 위해 멤버 간의 아귀다툼과 비난을 부추기면서도 이들을 독려해서 미선에 도전하도록 유도하느라 양쪽에 힘을 쏟아야 했는데, 그게 뜻처럼 쉽게 되지만은 않았다. 좌충우돌하다가도 필요할 땐 구심점을 중심으로 상황이 정리되어야 프로그램에 고유의 리듬이 생기는데, 구심점이 제 역할을 할 수 없는 환경에서 좌충우돌만 반복되니 쇼에 리듬을 주는 게 불가능했다.

우선은 기초체력을 다지는 시간이 필요하다

'무리한 도전'은 보다 적극적이고 냉정하게 쇼를 재정의할 필요가 있었다. 쇼의 규모를 줄여 새로운 것을 시도함과 동시에 멤버를 확정하고, 멤버들 간의 화학작용이 완성될 때까지 캐릭터 구축에 집중하며, 무엇보다 쇼에 찰기를 불어넣는 게 절실했다.

2005년 12월, '무리한 도전'은 환골탈태를 선언하며 그간 하던 육체적 도전을 싹 다 내려놓았다. 여의도 MBC 사옥 앞마당에 텐트를 쳐놓고 그 안으로 들어가 '이제는 몸이 아니라 두뇌 도전'이라며 끝말잇기의 수많은 변종 중 하나였던 '거꾸로 말해요 아하'를 시작했고, 세트가 마련되자마자 바로 실내 스튜디오로 들어갔다. 잦은 멤버 교체는 사라지고 천천히 오래오래 함께할 멤버들 위주로 팀이 재편되기 시작했다. 조혜련, 김성수가 나가고 차례차례 하하와 정준하가 들어왔으며, 마지막 순간 이윤석이 프로그램을 떠나며 우리가 익히 알고 있는 6인 체제가 완성됐다.

'무리한 도전'은 밖으로 나가는 대신 퀴즈를 풀고, 끝말잇기를 하고, 멤버 중 누가 제일 이상하게 생겼는지 앙케트 조사를 벌이고, 어린 시절 생활기록부를 공개하며 세트 안에서 버텼다. 세트 생활은 이듬해 5월 〈무한도전〉이란 이름으로 단독 편성이 되어 첫 에피소드로 미셸 위 특집을 할 때까지 5개월 동안 계속됐다. 그렇게 기초체력을 다지고 캐릭터를 어느 정도 확립하고 난 뒤에야, 새로운 포맷을 시도하는 것이 가능해졌다.

완전히 다른 프로그램으로 다시 재편했다고 해도 과언이 아닐 정도의 과격한 변화. '무리한 도전'은 에너지를 분산할 만한 요소들을 다 쳐내고, 제한된 공간 안으로 들어옴으로써 메인 MC가 프로그램을 통제하기 더 편한 환경을 만들어줬다. 변덕스러운 날씨, 매주 바뀌던 도전해야 할 상대와 종목 등 신경 써야 할 요소가 줄어들자, 실내에서 더 강점을 보이던 MC 유재석 또한 전보다 더 여유 있게 농담을 던지고 프로그램을 통제할 수 있게 됐다. 체력소모가 극심한 육체적 도전 대신 매주 같은 말장난이나 캐릭터 겨루기를 선보일 수 있는 퀴즈류로 방향을 바꾼 것 또한 주효했다.

실내로 들어와 상대적으로 에너지 소모가 적어진 대신 그만큼의 에너지를 한쪽에만 집중할 수 있게 되었고, 황소나 지하철 따위의 상대해야 할 적수가 사라지자 그가 단합의 차원에서 할 일은 적당하게 분위기를 수습하는 일 정도로 줄어들었다. 지식을 겨룬다는 콘셉트는 몸을 안 쓰고도 기존의 쇼가 유지하던 기조인 오합지졸물을 자연스레 승계할 수 있게 해줬고, 같은 종목을 계속함으로써 변수가 줄어들자 캐릭터를 잡고 멤버 간의 역학관계를 꾸려가는 것도 전보다 수월해진 것이다.

당신이 승기를 잡을 수 있는 전장은 어디인가?

세상에는 처음부터 성과를 내는 종류의 기획이나 프로그램도 존재하지만, 이렇게 시행착오 끝에 극적으로 부활하는 기획도 존재한다. 초심을 유지하는 것도 중요하지만, 이대로 승부를 볼 수 없다는 판단이 든다면 이처럼 과감하게 자신이 유리한 필드로 이동해 싸움의 양상을 바꿔야 하는 순간이 온다. 마치 '무리한 도전'이 호흡을 가다듬고 쇼 전체의 모양새를 다시 설계할 수 있게 될 때까지 지붕과 벽이 있는 스튜디오 안으로 들어갔던 것처럼. 단기적으로는 기획이 목표한 바를 버리고 초라하게 다운사이징을 하는 것처럼 보이는 선택이었지만, 시간은 그 선택이 옳았음을 증명해줬다. 최초에 기획한 그림을 실현하기 어려운 상황일 때, 기획을 원안대로 밀어붙이기 위해 끊임없이 소모전을 펼치는 것이 아니라 빠르게 체력을 비축하고 토대를 쌓을 수 있는 환경으로 이동한 뒤 승기를 잡은 것이다.

시간이 조금 걸리긴 했지만, 〈무한도전〉은 이런 선택을 통해 끝내 처음 '무리한 도전'이 그렸던 목표치를 초과 달성하는 성과를 거뒀다. 지금 프로젝트의 난항을 겪고 있는 당신이라면, 잠시 멈춰 서서 냉정하게 계산해보라. 지금 처한 상황이 과연 당신의 기획을 원안대로 현실화시킬 수 있는 환경인지, 아니라면 과연 당신이 어드밴티지를 줄 수 있는 전장은 어디인지.

잘하는 것 하나에 집중하라

기껏 새로 도전한 분야에서 좋은 결과를 내지 못하고 자신이 어드밴티지를 쥘 수 있는 전장으로 되돌아오는 것은 분명 즐거운 일은 아니다. 당장 도전이 실패했다는 것을 인정하는 건 쓰라린 일이거니와, 모양새도 자칫 후퇴처럼 보이기 쉽기 때문이다. 1990년대 중반 스티브 잡스가 복귀한 직후의 애플이 딱 그런 모양새였다. 1997년만 해도 애플의 라인업은 화려하다 못해 번잡했다.

파워 매킨토시 4종, 매킨토시 20주년 기념판, 파워북 3종, PDA 뉴턴 메시지 패드, 교육용 PDA 이메이트 300, 애플 프린터, 디지털 카메라인 애플 퀵테이크, 게이밍 콘솔인 애플 피핀까지. 자기들이 내쫓았던 창업주인 스티브 잡스를 다시 불러와야 할 정도로 절박한 상황이었던 주제에 제품군은 지나치게 넓었다. 잡스는 돌아오자마자 기존의 제품들을 가지치기하기 시작했다. 뉴턴과 이메이트가 사라지며 PDA 카테고리가 통째로 날아갔고, 애플 퀵테이크와 애플 피핀이 사라지며 디지털가전 라인이 날아갔다.

얼핏 초라한 행보처럼 보이지만 애플은 이 과격한 구조조정 덕에 간신히 파산을 면하고 숨을 돌릴 수 있었다. 지나치게 많은 제품군에 손을 댔으면서 어느 한 분야에서도 두각을 드러내지 못하는 상황. 재정비를 하려면 애플이 가장 잘할 줄 아는 것만 주력으로 남기고 나머지 여력을 회수해와야 했던 것이다. 잡스가 남긴 카테고리는 크게 세 개였다. 일체형 컴퓨터 아이맥 G3, 워크스테이션인 파워맥 G3, 랩톱 파워북 G3. 2001년 아이팟을 선보이며 본격적으로 모바일 디바이스 기업으로의 변화를 시작하기 전까지 3년간, 잡스의 애플은 자신들이 가장 잘할 수 있는 컴퓨터 제품군에만 매달리며 기초체력을 다졌다. 잡스가 생전에 아이폰과 아이팟의 화면 크기 다변화에 반대해왔던 것, 잡스 사후에야 디스플레이 크기에 따른 제품군 확장이 이뤄진 건 이런 과거의 영향이 컸다. 확실하게 압도적 우위를 지닌 전장이 아닌 곳에 무리하게 진출했다가 회사 간판을 내릴 뻔했던 아찔한 기억 말이다.

번잡해서 잘 모르겠을 땐 확실한 전장 하나만 남겨라

2011년 세금 과소납부 문제로 진행하던 프로그램들에서 일제 하차했다가 2012년 복귀한 강호동 또한 비슷한 경로를 걸었다. 방송 데뷔 이후 한 번도 이미지 추락이나 부진을 겪어본 적이 없었던 강호동에게 2011년의 잠정은퇴는 처음 겪어보는 거대한 실패였고, 그 탓에 자신감을 잃은 그는 복귀 이후에도 예전과 같은 모습을 보여주지 못했다. 도덕적인 부분에서 자신감을 잃으니 사람들의 눈치를 보게 되고, 눈치를 보니 게스트에게 날카로운 질문을 던질 수 없었다. 그는 세게 질문해야 할 자리인 MBC〈황금어장〉'무릎팍 도사'에선 세상이 자신을 어떻게 볼지 두려워 겸손히 경청만 하는 모습을 보여줬고, 자신이 잘할 수 있는 몸을 쓰는 예능 대신 책을 읽는 KBS〈달빛 프린스〉를 시도했다가 쓴맛을 봤다. SBS에서 야심차게 시작한〈맨발의 친구들〉또한 지나치게 많은 멤버 수와 명확하지 않은 방향성 탓에 이렇다 할 콘셉트를 잡지 못하고 헤매다가 금세 종영됐다. 스타와 팬의 만남을 표방한 MBC〈별바라기〉는 강호동이 할 수 있는 게 많지 않은 종류의 쇼였다. 세간의 주목을 한 몸에 받으며 화려하게 컴백했는데, 이것저것 닥치는 대로 시도한 것들이 다 성과를 거두지 못하며 보던 사람도 따라서 머쓱해졌다.

　원래도 강호동은 약점을 공격적으로 활용하면 했지, 드러내길 두려워하는 사람은 아니었다. 그는 자신이 주는 위압감이 양날의 검이란 걸 명확하게 알고 있었고, 그걸 "무서움 속에 귀여움이 있다"는 우스꽝스러운 자평으로 희석했던 사람이다. 그의 곁엔 늘 그의 지식 부족이나 식탐, 명언 강박을 놀려줄 이들이 있었다. KBS〈MC 대격돌〉에선 유재석이, KBS〈해피선데이〉'1박 2일'에선 이수근과 이승기가, MBC〈황금어장〉'무릎팍 도사'에선 유세윤이, SBS〈스타킹〉에선 이특과 붐이 그랬다. 하지만 복귀 이후 강호동은 좀처럼 자기 약점을 명확하게 보지 못했다.

그렇게 그가 헤매는 동안, 예능의 조류가 바뀌었다. 과장된 오프닝과 엔딩 멘트로 장식되곤 하던 리얼 버라이어티는 점점 일상을 엿보는 관찰 예능 위주로 재편됐고, 토크쇼는 게스트의 인생 역정을 전해 듣는 쇼에서 시사, 정치, 경제, 성 등 특정 주제를 놓고 전문적으로 대화를 나누는 쇼로 무게중심이 옮겨갔다. 강호동처럼 힘 있게 리드하고 완력으로 압도하는 이 대신 곰살맞게 물어보고 조심스레 깐족대는 말재간을 지닌 이들이 메인 MC의 자리를 차지했다. 1993년 방송 데뷔 이래 처음으로, 그는 시대에 뒤처진 사람이 됐다. 민망하게도 강호동은 자신의 수많은 약점 중 제일 최근에 추가된 '옛날 사람'이란 타이틀을 아주 오랫동안 불편해했다. 그도 그럴 법하다. 방송인 데뷔 이래 차근차근 정상을 향해 올라온 탓에 한 번도 큰 실패를 맛본 적 없었던 사람이었으니, 처음 맞아보는 슬럼프에 어떻게 대처하면 좋을지 알기 어려웠으리라.

복귀한 뒤에 오히려 더 위기론이 떠오른 얄궂은 상황, 세간에서 강호동에게 거는 기대는 빠른 속도로 무너져갔다. 강호동이 잠정 은퇴보다 더 길었던 부진의 시간을 버틸 수 있었던 건 〈달빛 프린스〉 후속으로 편성된 KBS 2TV 〈우리동네 예체능〉 덕분이었다. 강호동과 책이라는 의외의 조합으로 도전한 새로운 시도 〈달빛 프린스〉가 실패로 돌아가자, KBS 예능국은 아예 강호동 하면 떠올릴 법한 뻔한 코드들을 버무려 좀처럼 실패하기 힘든 프로그램을 만들어냈다. 생활체육 대결이란 형식을 빌려 일반인들과 어울려 노는 포맷, 무슨 프로그램에 던져놔도 기어코 프로그램에 승부의 코드를 집어넣는 집요한 승부욕, 백두장사 7회와 천하장사 5회에 빛나는 압도적인 피지컬, 본인이 가장 신뢰할 수 있는 오른팔인 (초기 멤버) 이수근까지. 〈우리동네 예체능〉은 재봉선 하나까지 강호동이란 사람에게 맞춰 지어낸 맞춤옷 같은 프로그램이었다. 새로운 도전들은 다 실패하고, 기존에 확보해뒀던 토크쇼 단독 호스트로서의 역량도 예전 같지 않은 순간, 강호동은 잡스의 애플이 그랬듯 본인이 가장 잘할 수 있고 익숙한 영역으로 돌아간 것이다.

재정비든 체질개선이든 확실하게 뿌리 내린 중심을 확보해야

물론 〈우리동네 예체능〉이 엄청난 성공을 거뒀다든가 왕년의 강호동이 누렸던 지위를 복원해준 것은 아니다. 〈우리동네 예체능〉은 같은 시간대 경쟁작인 SBS 〈불타는 청춘〉에 시청률 1위를 자주 내줬고, 인터넷에서의 화제성 또한 그리 높은 편은 아니었다. 오랜 시간 버텼으나 끝내 조용히 폐지되는 것을 피할 수 없었다. 그러나 최소한 강호동으로 하여금 안정적으로 시청률을 추수하며 한숨 돌리고 태세를 재정비할 수 있는 시간을 벌어주며 자신감을 심어준 것은 간과할 수 없다. SBS 〈스타킹〉이 MC가 아니라 일반인 출연자들이 주인공이 되는 프로그램이란 점을 감안하면, 강호동이 복귀 후 지속적으로 제 존재감을 알릴 수 있었던 창구는 〈우리동네 예체능〉 하나였다고 말해도 과언이 아니다. 본인이 잘할 수 있는 프

로그램을 뭐라도 하나 중심으로 고정시켜두자, 다른 도전을 하기도 한결 수월해졌다. MBC 〈별바라기〉나 KBS 2TV 〈투명인간〉 등의 실패를 반복하면서도 tvN go 〈신서유기〉나 JTBC 〈아는 형님〉, O'live 〈한식대첩〉 등의 도전으로 방송 영역과 장르를 조금씩 넓힐 수 있었던 건 언제든 의지할 수 있는 확실한 메인 프로그램인 〈우리동네 예체능〉 덕분인지 모른다.

뻔한 선택으로 회귀한다는 비판을 감수해가면서도 확실하게 승기를 잡을 수 있는 전장으로, 어드밴티지를 쥘 수 있는 필드로 이동하라는 건 이런 의미다. 승산이 없는 방향으로 에너지를 계속 소모하는 일이 반복되다 보면 싸움의 양상을 바꾸는 것은 점점 요원해진다. 한때 예능계를 유재석과 양분하던 과거의 영광을 좇느라 당장의 전선을 정리하지 못했다면, 강호동은 지금의 이 더딘 재기조차도 하기 어려웠을 것이다. 강호동이 그랬던 것처럼 과감하게, 잘할 수 있는 일들 위주로 전장을 재구성하고 체력을 비축하라. 그 과정을 통해 확실하게 뿌리 내린 중심을 확보해야, 비로소 제 자신을 재정비하든 체질개선을 하든 뭐라도 해볼 수 있는 여력이 쌓이고 공간이 열린다. 당신의 아이맥, 당신의 〈우리동네 예체능〉은 무엇인가?

이경규의 '남자의 자격'이 새로웠던 까닭

가끔은 익숙함이 독이 될 때도 있다. 2008년의 이경규가 그랬다. 리얼 버라이어티의 시대에 적응하지 못하던 그에게 SBS 〈이경규 김용만의 라인업〉(2007~2008)은 야심 찬 도전이었지만, 결과가 그 야심에 부응하진 못했다. 10명 안팎을 오갔던 멤버들 간에 화학작용이 일어날 시간이 부족했던 것이 화근이었고 그 와중에 프로그램의 정체성이 자꾸 바뀐 것도 문제였다. 사람이 일이 안 풀리기 시작하면 한꺼번에 꼬인다고, 〈이경규 김용만의 라인업〉이 끝난 다음 주엔 MBC 〈일요일 일요일 밤에〉(이하 〈일밤〉)에서 선보였던 리얼 버라이어티 '간다 투어'도 덩달아 2개월 만에 막을 내렸다. 사람들은 예능의 미래로 MBC 〈무한도전〉의 유재석과 KBS 〈해피선데이〉 '1박 2일'의 강호동을 이야기했지, 이경규를 이야기하진 않았다. 그럴 법도 한 것이, 20년 가까이 〈일밤〉을 지켜왔던 이경규는 더 이상 참신함이나 미래로 거론하기엔 너무 익숙한 존재였다. 설상가상 〈일밤〉은 오랜 시간 침체기를 겪고 있었고, 그 자신이 〈일밤〉 그 자체나 다름없었던 이경규에게 이 상황은 전혀 플러스 요인이 아니었다.

권력관계를 뒤흔드는 새로운 그림을 그렸으나
익숙했던 친정에서 거절을 당하다

연이은 리얼 버라이어티 도전에서 쓴맛을 봤지만 이경규는 무엇이 문제였는지 얼추 파악하고 있었다. 그간 〈일밤〉에서 그가 선보인 코너들 중에서도 원시적인 형태의 리얼 버라이어티라 부를 만한 것이 없었던 건 아니었다. 하지만 이경규가 성공을 거둔 리얼 버라이어티에는 꼭 한 명쯤은 그를 견제하거나 반기를 들 만한 인물이 함께해서 힘의 균형을 맞춰줬다. '대단한 도전'과 '건강보감'에는 언제나 큰형님 역할로 이경규에게 딴죽을 걸어주던 조형기가 있었고, '이경규가 간다'나 '양심냉장고'류의 프로그램엔 민용태 교수나 강지원 검사 등 각 분야의 전문가들이 파트너로 참여해 이경규의 반대편에 무게를 실어줬다.

반면 이경규가 2000년대 들어 실패를 맛본 리얼 버라이어티에는 그를 견제해줄 만한 카운터파트가 없거나 부족했다. '간다 투어'에는 김구라가 함께 투입됐지만 그때만 하더라도 아직 이경규를 제대로 견제할 만큼 중량감을 갖추진 못한 상황이었고, 〈이경규 김용만의 라인업〉엔 김용만이 있었다고는 하나 좀처럼 통제가 어려울 만큼 멤버 수가 많아서 대립각을 세우기 어려운 상황이었다. 마치 그 나이 또래의 남자들이 슬슬 가정에서 자신을 통제할 부모 세대를 잃고 서서히 가족 내 최고 권력자가 된 채 낡은 모습으로 늙어가는 것처럼, 이경규는 자신이 버럭 하면 밑의 후배들이 그 버럭을 다 받아주는 그림이 굳어지는 게 문제일 것이란 판단을 하기에 이른다.

이경규는 자신이 상징하는, 중장년 남성들이 약한 모습을 보이고 쩔쩔매는 모습을 보여줄 수 있는 도전을 하는 게 먹힐지도 모른다는 생각을 하고 중년의 남자들이 여러 가지 낯선 미션에 도전하는 프로그램을 기획한다. 문제는 앞서 얘기했듯 〈일밤〉과 이경규의 조합이 이제 더는 새로워 보이지 않는다는 것에 있었다. 게다가 이미 비슷한 DNA를 지닌 〈무한도전〉을 토요일 주력 상품으로 배치한 MBC 입장에선 일요일에 비슷한 쇼를 선보이는 것이 탐탁지 않았을 것이다. 연이은 실패로 이경규란 이름이 보장하는 바가 어느 정도 퇴색한 것도 한몫했다. 이런저런 이유가 겹치며 이경규와 〈일밤〉은 결별에 이르렀다. 아무리 좋게 표현해도 일방적인 경질에 가까웠던 상황. 이경규에겐 아마 앞선 실패들보다 〈일밤〉과의 결별이 더 큰 상처였을 것이다. 그때 이경규는 커리어 전체에서 가장 거대한 도박을 감행한다. 한때 〈일밤〉 그 자체와도 같았던 이가, 2009년 탁재훈, 신정환과의 트레이드 형식으로 〈일밤〉의 경쟁 프로그램인 KBS 〈해피선데이〉로 이적한 것이다. 그것도 MBC에서 거절당한 기획안의 초안을 들고서.

같은 기획안이라도 더 돋보일 수 있는 무대가 있는 법

물론 MBC에서 일이 진행되었다 해도 '남자의 자격'은 제법 새로운 그림이었을 것이다. 멤버들 중 이경규와 오랜 시간 호흡을 맞춘 '규라인'이라 부를 만한 멤버는 이윤석 한 명뿐이었던 반면 이경규가 껄끄러워할 만한 캐릭터는 제법 많았으니까.

연차로는 후배지만 중량감으로는 뒤처진 적이 없는 앙숙 김국진과 그 누구의 통제에도 잡히지 않고 걷잡을 수 없는 에너지를 뿜어내던 김성민은 한 번도 이경규의 말을 곱게 들어주지 않았고, 한 번도 함께 호흡을 맞춰본 경험이 없었던 김태원은 좀처럼 어떤 캐릭터인지 종잡을 수 없는 인물이었다. 자신에게 반기를 들고 견제해줄 만한 카운터파트가 있었던 것이다. 또한 도전하는 미션 또한 중년 남자들이 좀처럼 책임지고 해본 적 없는 양육이나 그루밍, 자기 고백, 친구로서의 이성 친구 만들기 등은 그간 방송에서 주목하지 않았던 부분들이었다. 2000년대 들어 이경규가 선보였던 모든 예능 중 가장 새로운 그림이었다. 하지만 이 모든 새로운 시도들이 초반부터 대중으로부터 높은 관심을 받을 수 있었던 가장 큰 이유는, 그것이 MBC의 〈일밤〉이 아닌 KBS의 〈해피선데이〉를 기반으로 했다는 점에 있었다.

MBC 예능의 상징과도 같던 사람이 친정인 〈일밤〉을 향해 전면전을 선택했다는 점 자체가 대중에겐 관심의 대상이 되었다. 이경규가 얼마나 칼을 갈고 나왔을지 모두가 주목하는 바람에, 〈해피선데이〉가 졸지에 '새로운 도전'이나 '변화'와 같은 키워드들을 가장 빛나게 해줄 만한 무대가 된 셈이다. 마치 러시아 국가대표가 되어 한국 선수들과 경쟁하게 된 안현수에게, 러시아에서 열린 소치 동계올림픽이 가장 드라마틱한 복귀 무대가 되었던 것처럼 말이다. 콘텐츠의 내용과 그것이 선보여지는 과정이 절묘하게 일치하는 것 또한 플러스 요인이었다. '인생 후반전에 접어든 중년 남자들이 낯선 도전을 하며 새로운 삶을 산다'는 중심 서사가, 익숙했던 MBC 〈일밤〉을 떠나 KBS 〈해피선데이〉라는 낯선 환경에서 적응하려 노력하는 이경규의 모습 위에 투사됐다. 〈일밤〉을 떠난 것은 이경규가 바라거나 예상한 바가 아니었으나, 이경규는 그 상황을 본인의 노력과 기획이 가장 돋보일 수 있는 전장으로 활용하는 묘를 발휘한 것이다. 마치 어떤 색이든 보색을 배경으로 했을 때 가장 주목을 받을 수 있는 것처럼, 이경규의 도전은 가장 높은 값으로 평가받으며 재기의 신호탄이 되었다.

때론 익숙함이냐 새로움이냐보다,
어디서 어떻게 구사하느냐가 문제다

잘할 수 있는 일들 위주로 전장을 재구성하라는 이야기가 무조건 익숙한 곳으로 회귀하라는 뜻으로만 읽혀선 안 된다. 강호동이 자신에게 익숙한 승부의 세계로 돌아간 것이나 유재석이 본인에게 익숙한 스튜디오 녹화로 돌아간 것에 대해 한참 이야기하고선 이제 와서 무슨 이야기를 하는가 싶겠지만, 강호동이 그 익숙한 승부의 세계를 예능과 본격적으로 결합한 건 KBS 〈우리동네 예체능〉이 처음이었고, 유재석 또한 MBC 〈강력추천 토요일〉 '무리한 도전 - 퀴즈의 달인'처럼 야외 버라이어티로 시작한 프로그램의 정체성을 뒤집어가며 실내 스튜디오로 가지고 들어간 전례는 드물다. 본인들에게 익숙한 방식이나 익숙한 필드를 찾았지만 도전 자체는 과격한 승부수에 가까웠다. 마냥 익숙한 곳으로만 회귀하라는 것이 아니라, 같은 노력이라면 그 값을 더 인정받을 수 있는 유리한 길을 찾으라는 것이다.

유재석과 강호동이 자신에게 익숙한 요소를 쇼에 이식해 숨을 고르고 게임의 양상을 바꿨다면, 이경규는 패색이 가장 짙은 순간 본인이 설 무대를 '새로움'이란 요소가 가장 돋보일 수 있는 곳으로 바꿈으로써 꺼져가던 커리어를 리부트하는 데 성공했다. 자신이 십수 년간 시청률로 꺾어야 했던 적진으로 달려갔고, 그 낯선 지형을 자신에게 유리하게 활용해 거절당한 기획안을 살려내기에 이른 것이다. 익숙함과 새로움은 상황에 따라 선택할 수 있는 카드일 뿐, 그 자체로 어드밴티지를 주거나 게임을 유리하게 만드는 것은 아니다. 결국 중요한 점은 어떤 카드를 꺼내 구사하는 게 유리한 상황인지, 그 카드를 꺼내기엔 어느 자리로 가서 싸우는 게 가장 유리한지 전장의 유불리를 읽어내는 것이다.

3

때로 약점이 당신의 무기가 된다

모든 스포츠 종목에는 그 종목에 요구되는 신체적 특징들이 있다. 이를테면 키가 커야 공격수나 최전방 수비수로 제 몫을 할 수 있는 배구는 어떤가? 키가 작은 배구선수가 할 수 있는 일들은 아무래도 제한되어 있기 마련이다. 상대 팀 선수가 꽂은 스파이크를 어떻게 몸을 날려 민첩하게 받아낼 것인가, 팀 내 동료들이 치기 좋도록 공을 예쁘게 띄우려면 무엇을 신경 써야 하는가…. 아무래도 네트 앞에서 상대 진영에 스파이크를 꽂아 넣거나 불꽃 같은 블로킹을 성공시키는 일은 신장이 월등한 선수들의 몫이 된다. 그런데 종종 약점이 무기가 되는 일도 생긴다. 작은 키 때문에 수비와 기본기 연습만 충실하게 반복해온 선수가, 어느 날 갑자기 성장판이 열려 키가 쑥쑥 자라기 시작한다면 어떨까? 그간 쌓아왔던 기본기들 덕분에, 비슷한 신장의 다른 선수들은 할 수 없는 플레이가 가능해지진 않을까? 압도적인 신장에서 나오는 파워풀한 플레이와 키 작은 선수들이 주로 보여주는 꼼꼼함과 섬세함까지 겸비한 종합패키지가 되는 것이다. 이쯤 되면 다들 누구 이야기인지 알 것이다. 세기에 한 명 나오기도 어렵다는 불세출의 배구천재, 김연경 선수의 사례다.

김연경 선수의 사례에서 볼 수 있는 것처럼, 때로 약점은 그 자체로 나만의 무기가 되기도 한다. 키가 작기에 팀 내 살림꾼으로 뛰어야 했던 경험이 이렇게 쓰이리라고 누가 예상을 했으랴. 5G 통신을 운운하는 시대에 무선인터넷도 안 되고 게임도 어려운 2G 폰이 살아남을 수 있었던 것 역시 다양한 기능의 부재를 '정신 산만하게 만드는 요소를 다 없앴다'는 식으로 바라보는 관점의 이동 덕분이었다. 처음 스마트폰이 등장했을 때, 고3 수험생과 고시생들이 정신집중을 위해 멀쩡하게 잘 쓰던 스마트폰 대신 구닥다리 2G 폰을 사리라고 누가 쉽게 예상했겠나.

이번 챕터에서는 MBC 〈라디오스타〉가 5분짜리 코너라는 약점을 대놓고 자신들의 캐치프레이즈 삼아 B급 정서를 지상파라는 공간에서 용인받은 과정을 살펴본다. 약점을 무기처럼 휘둘러 마침내 확고한 1위의 자리를 차지한 〈라디오스타〉의 여정과 타고 온 배를 버려야 할 시점을 놓친 탓에 비판의 대상이 된 오늘날의 결과까지 함께 들여다보자.

앉을 자리가 없는 커피숍,
5분만 방영되는 토크쇼

스와치 손목시계를 만드는 SMH 그룹의 니콜라스 하이에크는 자동차 시장에도 작고 스타일리시한 자동차를 원하는 이들이 있을 거라 믿었다. 마치 고가의 제품들이 난무하던 손목시계 시장에서 저렴한 가격으로 캐주얼하게 '메이드 인 스위스'를 누릴 수 있도록 만든 스와치가 그랬던 것처럼. 그는 다임러 그룹과 손잡고 '스마트'라는 이름의 자동차 브랜드를 론칭한 뒤 1998년 첫 작품인 2인승 쿠페 '시티 카City Car'를 유럽 시장에 판매하기 시작했다. 시장의 반응은 나쁘지 않았지만, 뒷좌석이 없는 자동차는 어딘가 부족하단 생각을 떨칠 수 없었던 회사는 생산라인을 확장해 2004년 4인승 자동차 '포포forfour'를 시장에 발표했다. 결과는 처참했다. 2003년부터 2006년까지 스마트는 40억 유로의 손해를 봤다. 회사는 서둘러 포포의 생산라인을 접고(이때의 실수를 만회할 2세대 포포는 2014년에야 나올 수 있었다) 다인승 SUV '포모어formore'의 생산계획도 백지화했다. 죽이 되든 밥이 되든 잘 팔리던 2인승 자동차로 다시 승부를 봐야 하는 상황이 된 것이다.

　하지만 작고 예쁘다는 이유로 2인승 자동차를 구매할 만한 사람들은 이미 다 시티 카를 구매한 후였다. 여기서 더 성장하기 위해선 뒷좌석이 없는 것을 결격사유로 여기는 사람들을 설득해야 하는 상황. SMH 그룹과의 연계를 끊고 완전히 다임러 그룹 소속이 된 스마트는 2006년 '포투fortwo'라는 이름으로 개명된 2세대 시티 카를 시장에 발표하며 희한한 광고 한 편을 만들었다. 갱스터영화, 공포영화, 액션영화 등에서 잘라낸 클립들을 편집해 만든 이 광고는, 유머러스한 배경음악과 함께 자동차 뒷좌석에서 운전자를 노리는 암살자나 연쇄살인마들의 모습을 쉬지 않고 보여줬다. 그러고 난 뒤 이 한 줄의 카피가 화면을 장식한다. "No backseat. Smart fortwo."

　물론 우스꽝스러운 농담에 가까운 광고였지만, 뒷좌석이 없는 것을 단점으로 보던 소비자들에게 꼭 그렇게 볼 일만도 아니라는 메시지를 전달하는 태도는 일품이었다. "우리 차는 뒷좌석이 없으니 이런 흉한 일을 당할 일도 없을 겁니다"라고 뻔뻔스레 말하는 이 광고. 살인 장면으로 도배가 된 탓에 수많은 나라에서 방영금지를 당했음에도 불구하고 2007년 칸 국제광고제에서 은사자상을 수상하며 많은 이들의 머릿속에 스마트의 포투를 각인시켰다.

　'약점'이 아닌 '고유한 특징'으로의 발상 전환

여기 비슷한 예가 하나 더 있다. 제 몸 하나 누일 공간이 없던 가난한 연극배우는 비싼 주거용 공간을 빌릴 돈이 없어 낡은 상가의 좁고 작은 점포를 하나 빌려 테이크아웃 커피 전문점을 하나 냈다. 마치 옛날 '점빵'들이 그랬던 것처럼 주거와 생계를 겸하는 공간이었던 셈이다. 가게 안에 테이블을 놓을 수가 없을 만큼 좁아서, 날이 맑을 때만 간신히 길 위에 테이블 하나와 스툴 몇 개를 내놓는 것이 고작인 점포였다. 어차피 앉을 공간도 마땅치 않은 가게, 사장은 가게 이름을 아예 '스탠딩 커피'로 지어버렸다. 그런데 아무 미사여구 없이 '서서 마시는 커피'라고 선언해버리고, 사장이 직접 한 투박한 인테리어도 고스란히 노출하는 태도가 오히려 '힙'한 것으로 받아들여지기 시작했다. 여기에 썩 근사한 커피 맛과 특제 레모네이드, 깔끔한 인상으로 손님을 맞이하는 직원들이 더해지며 스탠딩 커피는 이태원 경리단길의 상징적인 존재가 되었다.

사람들은 흔히 세간의 기준으로 약점이라 여겨지는 것을 애써 감추거나 어떻게든 보완하려 애쓴다. 시장에서 살아남으려면 남들보다 앞서가진 못하더라도 최소한 남들과 대등한 조건에서 경쟁해야 한다고 믿기 때문인데, 앞서 예로 든 포투나 스탠딩 커피처럼 때론 약점처럼 보이는 걸 약점이 아니라 고유의 특징으로 살려낼 수 있다는 것을 간과한 탓이다.

뒷좌석이 없는 것은 단점이 아니라 포투가 지니고 있던 고유한 특징이었고, 스탠딩 커피는 '서서' 커피를 마시는 공간임을 선언하는 것으로 앉을 자리가 없다는 단점을 특징으로 만들어냈다. 괜히 다른 이들과 조건을 맞춰 같은 카테고리 안에서 경쟁하기 위해 무리하는 것이 아니라, 자신만의 특징을 선언해 무기로 삼음으로써 자신이 주도할 수 있는 경쟁을 한 사례들이다.

결격사유가 넘치는 토크쇼가 아니라, 잃을 게 없어서
못 물을 것도 없는 토크쇼

대중문화에서도 이와 같은 사례들을 찾아볼 수 있다. 본디 콩트 프로그램이었던 MBC 〈황금어장〉에서 선보인 '무릎팍 도사' 콩트가 토크쇼의 포맷으로 성장해 〈황금어장〉의 중심 코너가 되는 동안, 나머지 분량은 여전히 고전을 면치 못하고 있었다. 그 자리를 채우기 위해 등장한 코너 '라디오스타'의 초반은 실로 암울했다. 지상파 출연을 늘리는 중이긴 했으나 아직까지 비호감 이미지를 다 벗지 못하고 있던 김구라, 〈황금어장〉의 개국공신이었지만 자신이 참여한 코너들이 줄줄이 망하는 걸 지켜본 신정환, 그리고 하필이면 〈황금어장〉의 흑역사라 불리는 '무월관' 코너로 프로그램에 합류했던 윤종신까지. 아무도 이 조합으로 만든 코너가 오래 갈 거라고 생각하지 않았다. 당장 MC 신정환부터 첫 방송에서 "이 코너가 두 달은 버텨줬으면 좋겠다"라고 대놓고 이야기했고, 첫 게스트로 나온 정형돈은 게스트의 말을 차분하게 듣는 게 아니라 서로 멘트를 하겠다고 아귀다툼을 하는 세 MC를 보다가 "여기가 토크쇼의 막장이냐"라고 되물었다.

선뜻 호감이 가지 않는 MC들의 조합, 서로 웃기려고 끼어드느라 사운드가 한도 끝도 없이 물리는 막장 진행, 주어진 질문도 다 소화하지 못하는 기괴한 토크쇼. 게다가 '무릎팍 도사'에서 거물급 게스트를 모시기라도 하면 안 그래도 10분에서 20분가량 방송되던 코너가 '무릎팍 도사'에 자리를 내주느라 5분으로 뚝 끊겨 2회에 걸쳐 방영되는 일도 종종 생겼다.

그러나 '라디오스타'는 그 점을 무기로 삼았다. '근본 없는 쇼'라는 이미지가 생긴 덕분에, 다른 토크쇼에선 차마 던질 수 없는 독하고 날 선 질문들이 아무렇지도 않게 오갈 수 있는 쇼라는 특유의 색깔을 가질 수 있게 됐다. 실제로 5분밖에 방송이 안 된 회차는 그리 많지 않았지만 의도적으로 꾸준히 '5분 방송'을 언급한 덕분에 '어차피 더 잃을 것도 없는 언더독'이라는 이미지를 구축할 수 있었고, 실제로 5분어치만 간신히 내보내게 되는 날에도 그 짧은 러닝타임 자체가 유머의 일부가 되었다. '라디오스타'의 독특한 색깔은 이렇게 기존 토크쇼의 기준으로 보면 결격사유일 만한 지점들에서 출발했다.

약점을 무기로 바꾸는 방법

물론 단순히 약점을 특징이라 선언하고 무기로 삼는 것만으로 경쟁에서 살아남을 수 있는 것은 아니다. 포투나 스탠딩 커피 모두 콘셉트를 시도해볼 만한 배경(소형차 시장이 갖춰져 있던 유럽, 젊은이들의 문화가 태동하던 이태원)을 갖추고 있었고, 콘셉트를 소비자들에게 세련되게 전달할 방법(공포영화의 문법을 차용한 광고, 깔끔하고 미니멀한 간판)을 고민했다. 약점을 무기로 만들 수 있다는 이야기가 약점을 조금도 보완할 필요가 없다는 뜻은 더더욱 아니다. 3M의 포스트잇 메모지에 쓰인 접착제가 개발된 건 1968년이지만, 회사 내 회의적인 분위기를 극복하고 포스트잇 메모지가 실제 생산에 들어간 것은 1980년의 일이다. 접착제를 스프레이 형태로 가공해 팔려는 계획이나, 접착제를 표면에 바른 게시판을 만들어보려는 계획 등을 '메모지 자체를 붙였다 뗄 수 있게 만들자'는 발상으로 보완하지 않았다면 지금의 성공은 장담할 수 없었을 것이다.

약점을 무기로 삼을 만한 배경이 존재하는가

'라디오스타'가 '독하고, 어수선하고, B급 정서에, 방송 시간도 짧은' 쇼라는 점을 고유한 특징, 나아가 장점으로 어필할 수 있었던 것 또한 마찬가지다. 약점을 무기로 내세울 수 있는 배경, 약점을 세련되게 무기로 전환하기 위한 고민, 약점을 무기로 삼는다는 전략 자체를 해치지 않는 선에서 이루어진 보완이 뒷받침됐기에 가능한 일이었다.

먼저 배경을 살펴보자. 당시 〈황금어장〉의 메인코너였던 '무릎팍 도사'는 스타들에게 독한 질문을 던지던 애초의 B급 콘셉트에서 차츰 진중한 질문이 오고 가는 토크쇼로 방향을 틀었다. 7편의 에피소드만을 남기고 폐지됐던 〈이문세의 오아시스〉(2005) 이후 실로 오랜만에 1 대 1 정통 토크쇼를 다시 살려볼 기회를 잡은 MBC의 입장에선 마다할 이유가 없었다(과거 〈이문세의 오아시스〉를 연출했다가 쓴맛을 봤던 여운혁 당시 〈황금어장〉 CP는 더더욱 그랬을 것이다). 그 변화 과정에서, 기존의 '무릎팍 도사'가 유지하던 독하고 날 선 B급 정서를 아끼던 이들의 관심은 자연스레 '라디오스타'로 이동하게 됐다.

MC들이 게스트보다 더 말을 많이 하는 토크쇼란 콘셉트 또한 새롭지만 받아들여질 수 없을 만큼 낯선 것은 아니었다. KBS 〈슈퍼TV MC 대격돌 위험한 초대〉(2002~2003)처럼 게스트를 모셔놓고 대화를 나누되 게스트의 말보단 기존 패널들이 물벼락을 맞는 것에 집중하는 형식의 게임 쇼도 있었거니와, '무릎팍 도사'에서도 강호동과 유세윤, 우승민이 자신들끼리 대화를 나누며 게스트의 혼을 빼놓는 순간들을 시도해 보인 바 있었다. 때마침 MBC 〈무한도전〉이 그 문을 연 '나만 살아남으면 되는 무한이기주의' 코드가 대중에게 먹히기 시작한 때이기도 하다. 사운드가 너무 물리는 통에 화면 위에 말풍선을 띄워야 할 만큼 어수선한 MC들의 멘트, 게스트를 방치하다시피 해놓고는 자기들끼리 말싸움을 벌이며 산으로 가는 진행 등은 분명 이상적인 토크쇼의 요소라 할 만한 것들은 아니었지만, 그런 요소들로 점철된 코너가 하나쯤은 나와도 이상하진 않을 만한 상황이었던 셈이다.

어떻게 하면 약점이 아니라 특징이라고 설득할 수 있을까

배경이 갖춰졌으니 이제 약점을 어떻게 하면 세련되게 어필할 것인가를 고민할 차례다. 많은 이들이 기억하겠지만 '라디오스타'는 초창기만 해도 토크쇼라는 장르명 대신 '토크 드라마'라는 제목을 달고 매 에피소드마다 부제를 달았다. '무릎팍 도사'가 그랬듯 콩트와 토크쇼가 섞인 형태임을 어필해 형식의 파격을 납득시켜보려 한 것이다. 라디오 부스 안 DJ들이 아직 정해지지 않은 메인 DJ 자리를 꿰차기 위해 신경전을 벌이며 고군분투한다는 플롯의 콩트로 포장되었기에 MC들끼리 싸우는 광경이나 돌발상황, 허를 찌르며 튀어나오는 독한 멘트들 또한 쇼의 콘셉트에 묻어갈 수 있었다. 아예 화면 위에 말풍선을 띄워 MC들의 멘트가 물고 물리는 상황이라는 것을 시각적으로 보여준 CG, MC들의 싸움에 당황해하는 게스트의 반응을 클로즈업으로 보여주는 편집 등은 이 쇼가 애초부터 무게중심의 많은 부분이 MC들에게 쏠려 있다는 것을 어필하는 장치였다.

앞서 지적한 바 있던 5분 방송의 지속적인 언급과 '무릎팍 도사'에 대한 질투 등의 언더독 콘셉트 또한 약점을 특징으로 설득하기 위한 포석의 일환이다. 실제로는 10분에서 20분 사이의 분량으로 방영이 된 회차가 대부분이고 시청률 또한 '무릎팍 도사'에 크게 밀리지 않았음에도 불구하고, '라디오스타'는 계속 "'무릎팍 도사'에 얹혀 가는 코너"라는 식의 멘트를 반복하면서 상대적 약자를 자처해 각을 세웠다. 시청자들은 '라디오스타'가 내세우는 초라함과 라이벌 의식이 많은 부분 의도적으로 연출된 것인 줄 알면서도 그 점 탓에 프로그램 특유의 B급 정서를 눈감아줬다. '라디오스타'는 그렇게 〈황금어장〉이란 프로그램 전체에서 차지하는 비중이 크지 않으니, 조금은 더 센 농담을 던져도 괜찮지 않느냐는 암묵적인 동의를 얻어내는 데 성공했다.

적절한 보완이 이루어졌는가

제작진이 MC들의 아귀다툼을 무작정 방치하기만 한 것도 아니다. 사방팔방으로 뻗어나가며 서로를 찔러대는 MC들의 특징은 자극적이고 가벼운 반면 쉽게 피로해지거나 중심을 잃고 흩어질 위험 또한 상존하고 있었다. 제작진은 그 사이에서 무게중심을 잡고 완충재 역할을 해줄 만한 사람으로 김국진을 투입해 프로그램을 보완했다. 실제로 김국진은 방송에 적응하는 동안엔 '실패와 이혼의 충격에서 미처 다 벗어나지 못한 지난 세기 사람'이란 콘셉트로 다른 MC들에게 끊임없이 공격을 당하며 완충재 역할을 해줬고, 어느 정도 적응한 뒤엔 맏형이자 가장 오래된 경륜을 지닌 사람으로서의 무게감으로 프로그램의 중심을 잡았다. 신동이 빠지고 김국진이 들어올 때만 해도 자극적인 맛이 줄어드는 것은 아닐까 걱정하는 이들이 많았지만, 마치 미량의 소금이 음식의 단맛을 강조하듯 오히려 김국진이 프로그램의 보수적인 부분을 담당해줬기에 나머지 3인의 MC들이 더 자유롭게 움직이는 게 가능했던 것이다.

2등인 걸 숨기지 마라,
2등이었던 걸 잊지 마라

"〈황금어장〉의 메인코너 '무릎팍 도사'의 '건방진 도사' 유세윤 씨가
결혼을 하셨습니다. 결혼식 가셨어요?"

"저는 그날 시트콤 촬영이 있어서 못 갔어요."

"저도 같이 시트콤 촬영이 있어서…."

"저는 행사가 있어서 못 갔고요."

"저는 일부러 일을 만들었죠."

"같은 〈황금어장〉이란 프로그램이지만, 사실은 어떻게 보면 라이벌
이거든요?"

"난 그리고 솔직한 얘기로 축의금도 안 내려고 했어!"

"저희는 그쪽 팀, 경조사 안 갑니다."

- 〈황금어장〉 142회, 2009년 6월 24일, '라디오스타' 오프닝 중

실제로는 '무릎팍 도사'가 다 소화하지 못하는 독하고 감각적인
접근을 대리해주는 상호보완적인 콘텐츠로 제작진을 공유할 뿐 아

니라 일종의 운명 공동체로 묶여 있는 코너였음에도 불구하고, '라디오스타'는 끊임없이 '무릎팍 도사'에 대한 자격지심과 경쟁심을 드러내며 기회만 닿으면 '5분 방송의 굴욕'을 강조했다. 실제보다 더 초라한 위치를 자처해 특유의 B급 정서에 대한 면죄부를 사고, 챔피언 '무릎팍 도사'에게 끊임없이 덤버드는 도전자 이미지를 통해 코너의 각을 세운 것이다. 2010년 〈텐아시아〉와의 인터뷰에서 당시 '라디오스타' 메인작가였던 황선영 작가는 "잊혀져 가는 뮤지션과 욕쟁이와 (웃음) 그런 출연자들의 토크를 가장 극대화 시킬 수 있는 코너를 만들자고 했다. '무릎팍 도사'가 재벌이면 우린 구멍가게처럼 시작했고, 강호동 씨가 못 묻는 질문도 할 수 있다고 생각했다"라고 말했다.

물론 프로그램 초반엔 '엄살'이라고만 말할 수는 없는 처지였다. 제작진이 '무월관'으로 〈황금어장〉에 합류한 윤종신을 더 잘 활용할 수 있는 방안으로 '앉아서 수다 떠는 코너'를 하자는 생각을 했을 때, 이미 〈황금어장〉 안에는 강호동이라는 거대한 일인자가 버티고 있었으니까. 하지만 어느 정도 프로그램이 자리를 잡고 '무릎팍 도사'와 엇비슷한 시청률을 기록하며 어깨를 견주기 시작한 이후에도, 심지어는 강호동의 잠정은퇴로 〈황금어장〉에 '라디오스타'만 남아 단독으로 70분 방송을 책임지게 된 지금에도 '라디오스타'의 포지셔닝은 크게 바뀌지 않았다. 끊임없이 MC들의 치부를 무기처럼 휘두르고, 스스로를 비하하고, 자신들의 격식 없음을 '고품격'

이란 단어를 역이용해 강조한다. 이제 더 이상 약자가 아니게 되었음에도 만년 약자임을 자처하는 이 태도는 무엇 때문일까?

2등인 걸 숨기지 마라

1962년 미국 렌터카 업계 1위인 헤르츠에 밀려 만년 2위였던 에이비스가 선보인 'We try harder' 캠페인은 마케팅 업계의 전설처럼 통한다. '우리는 2등입니다. 그래서 더 열심히 노력합니다'라는 카피는 그 이전까진 찾아보기 힘든 형식의 광고 문구였다. 그전까진 자신들이 2등이라는 점을 이렇게 직설적으로 이야기한 카피는 없었기 때문이다. 자신들이 2등이라는 것을 진솔하게 고백하는 태도의 과감함이나 그에 뒤이어 부드럽게 연결되는 '1등을 따라잡기 위해 더 열심히 일한다'는 서사 구조는 강자에게 도전하는 언더독을 응원하는 대중의 심리를 자극했다. 이 마케팅 전략으로 에이비스는 61% 대 29%였던 헤르츠와의 점유율 격차를 1966년엔 49% 대 36%까지 바짝 쫓아갈 수 있었다. 위기감을 느낀 헤르츠가 1966년 '에이비스가 지난 몇 년간 헤르츠가 업계 1위라고 이야기했는데, 그 이유를 설명해 드리겠습니다'라는 캠페인으로 응수하기 시작하면서 에이비스의 상승세는 주춤해졌고, 헤르츠가 꾸준히 대응한 결과 1969년부터는 점유율 격차가 48% 대 35% 선에서 고정되었다.

펩시나 세븐업의 전략도 비슷했다. 오랫동안 코카콜라의 아성에

도전했던 펩시나 세븐업은 각각 코카콜라를 뛰어넘는 것이 아니라 자신만의 위치를 전략적으로 파고드는 게 더 중요하다는 것을 깨닫게 되었다. 1967년부터 세븐업은 'The Uncola' 캠페인을 시작했다. '콜라가 아닌 음료를 찾는다면 그것은 세븐업'이라는 전략으로, 소비자들이 코카콜라 다음의 위치에 바로 세븐업을 떠올릴 수 있도록 한 것이다. 그런가 하면 펩시는 코카콜라가 그 역사가 오래된 브랜드라는 사실을 겨냥해 '젊은 음료'라는 이미지를 꾸준히 강조했다.

이미 1960년대부터 '젊은 생각을 하는 이라면 펩시'라거나 '당신은 펩시 세대'라는 슬로건으로 코카콜라와의 대립각을 세웠던 펩시는 1980년대 당대 최고의 팝스타였던 마이클 잭슨 등의 젊은 모델을 기용해 '새로운 세대의 선택'이라는 슬로건을 내건 CF를 방영하며 빠른 속도로 코카콜라의 점유율을 위협하기 시작했다. 그 전략에 위협을 느낀 코카콜라는 1985년 잠시 오리지널 코카콜라를 대체하는 새로운 음료 '뉴 코크'를 시장에 선보이며 펩시의 전략을 따라갔다가 하마터면 1위 자리를 빼앗길 뻔하고는 1990년 'Can't Beat The Real Thing(진짜를 이길 수 없다)'는 슬로건으로 돌아왔다. 때론 자신이 2등인 것을, 더 강한 경쟁자와 맞서 싸우는 존재임을 드러내는 것이 도움 될 때가 있다.

2등이었던 걸 잊지 마라

2등이었던 것을 강조하며 1등과의 차이점을 내세운 브랜드들이 1위와의 격차를 줄였을 때 흔히 느끼는 충동이 있다. 바로 자신들이 1위를 노린다는 걸 선언하는 것이다. 'The Uncola' 캠페인으로 재미를 본 세븐업의 성장세가 꺾이기 시작한 기점은 1978년 'America is turning 7 Up(미국이 세븐업으로 돌아서고 있다)' 캠페인부터였다. '코카콜라가 아닌 음료를 찾는다면 세븐업이다'라는 전략으로 성공을 거둔 과거의 전략과 정면으로 충돌하는 캠페인이었고, 기대한 만큼의 성과를 거두지 못했다. 에이비스 또한 1971년 '1등이 되려 합니다'라는 슬로건을 내걸면서 그 상승세가 꺾였다. 이미 '우리는 2등입니다'라는 슬로건에 맞서 업계 1위인 헤르츠가 '우리가 1등인 이유를 말씀드리겠습니다'로 응수한 뒤에 등장한 광고였다. 1등을 끊임없이 추격하는 도전자의 이미지에서 성급하게 승리 선언을 하는 것으로 방향을 튼 순간, 언더독을 응원하던 사람들의 열광도 한풀 꺾여버린 것이다.

'라디오스타'는 이와 같은 실수를 범하지 않았다. '라디오스타'는 〈황금어장〉의 유일한 생존자가 된 이후에도 자신들의 B급 콘셉트와 자기비하를 쉽게 버리지 않았고, 마침내 지상파 심야 토크쇼의 절대 강자가 된 이후에도 쉽게 승리 선언을 하지 않았다. 자신들이 어떤 콘셉트로 그 자리까지 올라왔는지 잊지 않은 '라디오스타'는 꾸준히 제 콘셉트를 유지하는 선에서 천천히 이미지를 확장했고, 그 덕분에 지금의 위치를 확고히 다질 수 있게 되었다. 약점은 잘 활용하면 당신의 무기가 될 수 있다. 하지만 유리한 고지를 점유했다고 해서 바로 그 약점을 버리고 강자의 무기를 취하려 든다면 상황은 다시 급변할 것이다. 끝까지 잊지 마라, 애초에 자신이 성공한 원인이 무엇이었는지. 아무리 찜찜하고 다소 초라해 보여도 한번 무기로 휘둘러 성공한 이상 그것은 쉽게 포기해선 안 되는 당신만의 고유한 장점이 된다.

얻기 위해서는 포기할 줄도 알아야 한다

새 스마트폰을 사려고 길게 늘어선 줄, 몇 시간째 자리를 지키던 사람들은 저마다 기대감을 감추지 못한다. "이번엔 화면이 커진다면서?" "헤드폰 잭이 위가 아니라 아래에 달린대" "이번에 충전용 잭 규격이 바뀐다면서? 구형 잭을 사용하는 기기들이랑은 호환이 안 되겠네?" "그렇지, 하지만 역대 최고로 근사한 호환 어댑터를 판다나봐." (대놓고 말하지는 않았지만) 아이폰5를 사기 위해 오랜 시간 줄 서 있는 고행을 견디고 있는 이들 앞으로, 삼성의 새 스마트폰 갤럭시S3를 사용하는 사람들이 지나간다. 각자의 갤럭시S3를 맞대는 두 남자에게 줄 서 있던 이들이 묻는다. "방금 뭐 한 거야?" "아, 별거 아냐. 플레이리스트 교환했어" "그냥 폰만 맞대는 거로 그게 돼?" "응." 스마트폰 시장에서 애플의 뒤를 바짝 쫓던 시절 삼성은 늘 애플이 개척해놓은 시장을 따라가기 바빴다. 그 시절 삼성 갤럭시의 광고는 이런 식이었다. '신형 아이폰에 탑재된 건 갤럭시에 이미 오래전부터 탑재되어 있었다. 심지어 아이폰엔 아직 없는 기능도 있지!'라는 식으로 우위를 이야기했던 것이다.

물론 이렇게 다른 업체와의 비교를 꾀하는 건 2등의 전략이다. 1등은 굳이 2등의 존재를 부각시킬 이유가 없으니 말이다. 그런데 1등이 가는 길을 이 악물고 따라가서 마침내 1등을 추월했다면? 그런 뒤에도 "우리가 2등이었는데 마침내 1등을 추월했다"라고 말할 것인가? 아이폰의 뒤를 따라 갤럭시 시리즈를 만들고, 아이패드에 질세라 급하게 갤럭시 탭을 개발해 출시했던 삼성은 점유율에서 아이폰을 앞지를 무렵엔 전략을 수정한다. 더 이상 뒤를 따라가는 처지가 아니기에, 삼성은 조용히 갤럭시 노트를 선보이며 대화면 스마트폰 시장을 열었다.

스티브 잡스가 "손가락이라는 가장 훌륭한 스타일러스가 있는데 왜 스타일러스 펜이 따로 있어야 하냐"라고 말한 이후 오랫동안 잊혔던 스타일러스 펜을 다시 모바일 기기의 영역으로 끌어와 거둔 성공이니 애플을 비웃기엔 이보다 더 좋은 소재도 없어 보였지만 삼성은 그러지 않았다. 1등의 자리를 꿰찬 마당에 2등 하던 시절처럼 계속 애플을 들먹이며 시비를 걸었다간 만년 2등으로 이미지가 굳어져버릴 수 있었으니까. 2등 시절을 잊지 않는 것과 1등이 된 이후에도 2등 시절의 전략을 유지하는 것은 전혀 다른 이야기다.

그렇다고 1등이 된 이후에도 2등처럼 굴라는 이야기는 아니다

'라디오스타'는 어땠을까? 1등의 자리에 오르기까지 2등이었던

걸 숨기지도 않았고, 잊지도 않았다. 〈황금어장〉 '라디오스타'는 제
콘셉트를 유지해서 집토끼를 잃지 않고 정상의 자리에 오를 수 있
었다. 문제는 확고한 1등이 된 이후다. 어느 순간을 기점으로, 스타
게스트를 불러 그들의 커리어와 사생활을 소재로 대화를 나누는
토크쇼 중 '라디오스타'를 이길 수 있는 프로그램은 없어졌다. 지상
파에서 토크쇼 자체가 사라졌기 때문이다.

불과 몇 년 사이 MBC 〈놀러와〉, KBS 〈승승장구〉, SBS 〈강심장
〉, KBS 〈달빛 프린스〉, SBS 〈화신〉, MBC 〈황금어장〉 '무릎팍 도사',
SBS 〈힐링캠프〉가 차례로 폐지됐다. 〈황금어장〉이라는 프로그램의
5분짜리 코너였던 '라디오스타'는 이제 명실공히 70분짜리 〈라디오
스타〉가 되었다. 지상파에서 토크쇼라 할 만한 건 KBS 〈안녕하세
요〉와 MBC 〈라디오스타〉, KBS 〈해피투게더 3〉 정도만 남은 상황.
그나마 〈안녕하세요〉는 사연을 보낸 일반인들의 고민을 해결해주
는 콘셉트의 토크쇼이니 같은 카테고리 안에서 평가하기 적절치 않
고, 〈해피투게더 3〉는 박미선과 신봉선을 빼고 그 자리에 전현무를
투입해 〈라디오스타〉를 어설프게 흉내 내는 토크쇼가 되어버렸다.
어느덧 〈라디오스타〉는 지상파 심야 토크쇼의 유일한 생존자, 자기
콘셉트를 유지하며 살아남는 데 성공한 토크쇼로는 유일한 생존자
가 된 것이다.

〈황금어장〉 '라디오스타'에서 〈라디오스타〉로 홀로서기에 성공
하고 단독자가 된 이후, 쇼는 태도를 바꿨을까? 반은 맞고 반은 틀

렸다. 〈라디오스타〉는 더 이상 MC들이 자기비하 개그를 하기에 애매한 위치의 쇼가 되어버렸다.

김구라는 명실상부 한국 예능계에서 압도적인 지위를 차지하고는 자신의 부나 영향력을 과시하기 시작했고, 김국진은 강수지와의 연애로 이혼남 이미지에서 벗어났으며, 윤종신은 그사이에 미스틱89라는 거대 연예 기획사의 수장이자 〈월간 윤종신〉이라는 프로젝트를 이끄는 가수로서의 입지를 다시 한번 확고히 했다. 신정환과 김희철, 유세윤을 거쳐 막내 자리에 남은 규현에겐 곧 군에 가야 한다는 사실 말고는 딱히 놀려먹을 구석이 없다.

프로그램 자체로 보나, MC들의 개인사로 보나 이제 예전처럼 초라하다고 말할 수 있는 상황이 아니다. 해서 〈라디오스타〉는 자신들이 압도적인 1위임을 굳이 숨기지 않기로 한다. 김구라는 툭하면 자신들이 발굴한 원석을 〈무한도전〉에서 데려다 출연시킨다며 자신의 선구안이 뛰어남을 과시하고, 출연자들에게 개인기를 요구하며 박나래나 양세형의 예를 든다. 〈라디오스타〉에 나오면 이렇게 유명해지니까, 우리의 리드를 따라오면 된다고.

그러나 출연자들에게 무례하고 짓궂은 태도로 일관하는 태도는 〈라디오스타〉가 5분 방송이던 시절이나, 〈라디오스타〉 말고도 선택할 수 있는 토크쇼들이 많았을 때에나 그 정당성을 얻을 수 있는 문법이었다. 상대에게 "어차피 이 프로그램도 별 볼 일 없는 언더독 아니냐"라고 맞받아 칠 수 있는 공간이 열려 있던 시절, 그래서

MC와 게스트가 서로 물어뜯고 MC의 요청을 게스트가 거절한다 해도 이상하지 않을 때는 〈라디오스타〉의 이런 태도가 용인될 수 있었다.

하지만 세월이 흘러 프로그램이 의도치 않게 권력이 되고, 그 권력을 대놓고 과시하게 된 이후에도 〈라디오스타〉는 계속 게스트를 대하는 무례함은 예전처럼 유지한다. 프로그램 특유의 태도를 정당화해주던 2등이라는 위치와 자조의 정서가 더는 유효하지 않음에도 불구하고. 같은 눈높이에서 서로 무례하게 굴며 흉보고 놀 수 있었던 프로그램은, 어느덧 게스트를 위에서 아래로 내려다보며 무례하게 구는 쇼가 되어버렸다. MC들은 출연자들에게 애교나 에피소드를 요구하고 성에 차지 않으면 노골적으로 성을 낸다. 여전히 시청률은 준수하게 나오지만, 프로그램이 불편하다 호소하는 이들은 날이 갈수록 늘어나고 있다. 잠깐의 노이즈 마케팅으로 시청률을 추수하고 접을 게 아닌 이상에야, 프로그램을 적극적으로 못마땅해하는 이들이 늘어난다는 건 좋은 신호가 아니다.

확실한 1등이 되었을 땐, 1등의 언어를 사용해야 한다

앞서 펩시나 에이비스의 예에서 본 것처럼 1등이 되기도 전에 섣불리 1등을 선언하는 것은 도전하는 2등에게 쏠리던 대중의 열광에 스스로 찬물을 끼얹는 일이다. 하지만 1등이 된 이후에도 여전히 마냥 2등의 전략을 쓰는 건 장기적으로는 브랜드 가치에 해

가 된다. 극단적인 예로 2016년 미 대선에서 아무도 예상하지 못한 승리를 거둔 도널드 트럼프의 사례를 보자.

공화당 경선을 폭주하며 달려와 후보 지명을 받고, 민주당의 힐러리 클린턴 후보 뒤를 쫓던 시절 그는 자극적인 언어를 사방에 흩뿌리고 다녔다. 트럼프는 "내가 대통령이 되면 힐러리 클린턴을 감옥에 넣을 것이다" "토마토를 던지려는 사람(반대파)을 보거든 흠씬 때려줘라. 재판 비용은 내가 대겠다" "불법 이민자들을 죄다 추방할 것이다" 등의 발언으로 가는 곳마다 논란을 불러일으켰고, 심지어는 투표 결과 패배한 것으로 나왔을 때 결과에 승복할 것이냐는 가장 기초적인 질문에 "그때 가서 이야기하겠다"라고 답했다.

그런 트럼프조차, 승리 연설에서는 표정관리를 하며 이전에 했던 말들을 뒤집어야 했다. "힐러리 클린턴은 미국을 위해 아주 오랫동안, 아주 열심히 헌신해왔다" "우리는 그의 국가에 대한 봉사에 대해 감사해야 한다" "지난날 나를 지지하지 않았던 분들께, 우리가 함께 힘을 합쳐 이 위대한 국가를 통합할 수 있게 많은 지도와 협력을 부탁드린다" "우리는 적개심이 아니라 공통점을, 분쟁이 아니라 파트너십을 추구할 것이다" 어찌나 그 이전의 언행과 달랐던지, 미국 정치 토크쇼 〈데일리쇼〉의 진행자 트레버 노아는 이렇게 비아냥거리기도 했다. "도널드는 (승리 연설에서) 품위 있고 겸손했습니다. 인정도 많았지요. 만약 저 사람이 대선에 나왔다면, 저 사람도 (선거 과정 중에 우리가 봤던) 도널드 트럼프한테 졌을 겁니다." 물론 트럼프가 승리 연설에서 이야기했던 것이 진심이 아니었음은 취임 직후부터 드러났고, 다시 2등의 언어와 전략을 반복하며 미국을 분열로 몰고 가고 있다. 여기서 확인할 수 있는 교훈은 확실하다. 극단적인 포퓰리즘을 무기로 선거에 승리한 사람조차 일단 1등의 자리에 올라갔을 땐 제 말을 살피고 삼가야 한다는 것이다. 확실한 1등에겐 1등에게 걸맞은 언어가 있기 때문이다.

예능,
유혹의 기술

2장
기울어가는 기획을
일으키는 법

1

피드백을 빠르게 받아들여라

대중을 상대로 글을 쓰는 사람들 사이에선 "인터넷 포털 사이트에 달린 댓글은 읽지 마라"라는 충고가 흔한 편이다. 정제되지 않은 의견들이 무작위로 올라오는 인터넷 포털 사이트의 댓글에 휘둘리다 보면 자신이 원래 염두에 두었던 글의 방향이 흔들리고 주관이 흐릿해지기 쉽다는 게 그 이유다.

하지만 그렇게 말하는 사람들도 내심 믿고 확인하는 피드백들이 있다. 참여하는 이들의 성향이 뚜렷한 특정 커뮤니티 게시판이라거나, 비슷한 업계에서 글을 쓰는 동료들, 혹은 자신의 글을 지속적으로 모니터링해주는 고정 독자층이 그것이다. 남의 말을 듣다가 내 주관을 잃는 것도 문제이지만, 남의 눈을 거친 평가를 다 피했다가 나 혼자 신나고 마는 글을 쓰는 것이 더 큰 문제이기 때문이다.

처음부터 완벽한 기획은 없다. 기획도 사람이 하는 일이라 실수나 옥에 티가 생길 수밖에 없는데, 내 머릿속에서 나온 기획이기에 그 단점을 내가 직접 발견하는 건 좀처럼 쉽지 않다. 이미 그 안에 한껏 몰입된 내가 보기엔 아무 문제가 없어 보이기 십상이니까 말이다. 방송사들이 체면 차리기 용으로나마 옴부즈맨 프로그램을 없애지 못하고, 주간지와 신문사들이 모니터링 독자단을 모집해 꾸준히 외부로부터의 의견을 수용하고, 기업이 외부 감사나 자문위원들을 둬서 쓴소리를 청하는 이유가 여기에 있다.

이번 챕터에서는 제때 시청자들과 전문가들의 피드백을 받아서 문제를 수정하는 데 성공한 몇몇 작품들과 그러지 못해서 끝내 실패를 피하지 못한 몇몇 작품들을 함께 살펴보자. 2016년 한 해 내내 뜨거운 감자였던 완전 사전제작 드라마들이 왜 실패했는지, 서바이벌 예능 〈더 지니어스〉는 수많은 비판과 항의에도 어떻게 살아남을 수 있었는지, SBS 〈일요일이 좋다〉 '런닝맨'은 어떻게 초반의 열세를 극복하고 국민 예능으로 거듭났으며 어떻게 폐지 논란과 번복이라는 소동을 겪게 되었는지. 그렇다면 과연 어떤 피드백은 수용하고 어떤 피드백은 그냥 넘겨도 되는지 하나하나 짚어가면서.

피드백에도 '골든타임'이 있다

오래전부터 전체 에피소드를 사전제작해 방영에 들어가는 영미권 드라마들과 달리, 한국 드라마는 최근까지도 생방송에 가깝게 제작됐다. 대부분 본방영에 들어가기 전 미리 2편에서 4편 정도 제작을 끝내놓고 방영을 시작하긴 하지만, 드라마가 중후반을 넘어가기 시작하면 아침에 촬영해서 오후 내내 편집을 하고 밤에 방영하는 스케줄을 피하기 어려웠다. 이유야 많았다. 대본이 늦게 나와서, 배우들의 스케줄이 안 맞아서. 이런저런 사정으로 조금씩 밀리다 보면 결국 끝에 가선 방송 시간에 맞춰 테이프를 넘길 수만 있으면 다행인 지경이 되어버리곤 했다.

상황이 이러니 완성도는 둘째 치고 스태프들의 혹사가 이만저만이 아니었다. 한류 열풍이란 허울 좋은 성과 뒤엔 현장의 과로와 사고로 목숨을 잃는 스태프와 보조 출연자들의 희생이 있었다. 3일째 잠을 못 자고 촬영에 임한다는 배우들의 무용담이 워낙 흔하다 보니, 팬들이 돈을 모아 커피 트럭을 촬영 현장에 보내는 광경도 일상이 되어버렸다. 우리도 사전제작 도입하면 안 되나요? 말단 스태프부터 원로 배우에 이르기까지 사전제작을 요구했던 현장의 오랜 절규는, 그러나 좀처럼 반영되지 않았다. "에이, 아서. 돈이 한두 푼 드는 것도 아니고."

완전 사전제작을 하면 완성도가 올라갈 것이란 상식은
뚜껑을 열어보니 깨지기 시작했다

답은 중국 시장에서 나왔다. 인구의 1%만 매료시켜도 천만 명인 사상 최대의 TV시장. 일본의 한류 열풍도 예전 같지 않고 동남아 시장도 시들해지고 있었기에 갈 곳을 잃은 한국의 제작자들에게 중국은 젖과 꿀이 흐르는 약속의 땅이었다. 허나 약속의 땅에 들어가려면 중국 당국의 깐깐한 사전검열을 거쳐야 했고, 중국이 저작권 관리는 소홀한 데 비해 도시로 가면 한국보다 더 빠른 인터넷 속도를 자랑하는 국가라는 점이 발목을 잡았다. 한국에서 드라마가 전파를 타고 4시간이 채 되기도 전에, 이미 중국어 자막이 붙은 불법 업로드 영상이 중국 포털에 올라와 볼 사람들은 다 보는 상황. 중국 시장의 반응을 봐가면서 수출의 활로를 모색하며 검열 일정까지 기다리다 보면 제값을 부르는 게 어려운 모양새였다.

제작자들은 결국 완전 사전제작 카드를 꺼냈다. 방송을 하기 전에 우선 중국에 선판매를 해버리면 제값을 부를 수 있고, 그러려면 우선 팔기 전에 검열을 통과해야 한다. 현장의 원로 이순재 선생을 비롯한 수많은 이들이 피를 토하는 심정으로 요구했던 '쪽대본 철폐, 전편 사전제작'은 그렇게 옳고 그름의 당위가 아니라 자본의 논리 덕분에 도입되었다. 많은 이들이 허탈한 마음을 숨기기 어려웠지만, 그래도 이제 완성도도 노동강도도 합리적으로 조정되겠지 싶은 마음으로 기대를 걸었다. 원래대로라면 2016년은 드라마 사전제작의 영광스러운 원년이 되었어야 했다.

'되었어야 했다'라고 쓴 건 모두가 알다시피 그러지 못했기 때문이다. 물론 2016년 연초엔 모든 것들이 제법 긍정적으로 보였다. 첫 타석에 오른 KBS 〈태양의 후예〉가 가히 신드롬에 가까운 흥행 성적을 거두며 상반기 화제의 중심에 올라선 것이다. 중국 시장에서 사랑받는 송혜교와 송중기, 그리고 흥행불패 신화를 써왔던 김은숙 작가의 뻔하지만 거부할 수 없는 로맨틱 코미디의 결합은 수많은 옥에 티와 국수주의 논란을 돌파할 만큼 위력적이었다. 먼지가 폴폴 날리는 재난 현장에서 개복수술을 감행하는 의사와 보고 싶다는 이유로 사랑하는 민간인 여성을 향해 저격총 스코프를 겨누는 군인이 나오는 말도 안 되는 작품이었으나 국내 시청률이 잘 나오니 만사 오케이였다. 방영 개시 전 중국 시장에 편당 2억 2천만 원에 전편이 판매가 완료됐고, 동남아시아에서도 신드롬에 가까운 흥행 기록을 세웠다. 심지어 완성도가 좋다는 이야기도 나왔다. 막판에 몰린 PPL 대잔치와 서사의 붕괴를 못 보고 한 이야기겠지만.

〈태양의 후예〉의 성공은 KBS 〈함부로 애틋하게〉 또한 흥행할 것이란 낙관으로 이어졌다. 사전제작에는 자본이 많이 필요하니 흥행카드를 충분히 확보해둬야 하는데, 〈태양의 후예〉가 그랬던 것처럼 〈함부로 애틋하게〉의 남녀 주연과 작가는 모두 믿음직해 보였으니까. 당대 최고의 청춘스타 김우빈과 수지가 주연을 맡았고, 〈미안하다 사랑한다〉의 이경희 작가가 합류했다. "이경희식 신파 멜로라니 조금 올드하지 않아요?" "뭐, 중국시장은 한국시장과는 정서적으로 5년 정도 시차가 있다나봐요."

걱정할 것이 무엇이냐 생각했던 이들은 뚜껑을 열고 난 뒤 경악을 금치 못했다. 오만하고 제 멋대로인 스타로 설정된 남자 주인공은 여자 주인공에게 멋대로 고백했다가 밀쳐내고 시비 걸기를 반복하다가, 급기야 사전 교감도 없이 콘서트 중에 공개 프러포즈를 해버리며 여자 주인공의 삶을 망친다. 이 인간이 역대급 개자식으로 구는 것에 대한 핑계는 딱 하나, 시한부 인생이라서였다. 살날이 얼마 안 남았다고 데이트 폭력 수준으로 여자 주인공을 막 대하는 남자와 그 리드에 질질 끌려다니는 답답한 여주인공을 보는 일은 쉽지 않았다.

정서적으로 5년이 아니라 족히 15년은 퇴보한 설정에 시청자들은 할 말을 잃었고, 자연스레 채널을 돌렸다. MBC에서 〈W〉를 방영하고 SBS에서는 〈질투의 화신〉을 방영하고 있는데 굳이 왜 저 작품을 봐? 처음엔 〈함부로 애틋하게〉의 완승일 것 같았던 대결은 싱겁게 끝나고 말았다.

이쯤 되니 SBS 〈달의 연인 - 보보경심 려〉를 바라보는 세간의 시선도 조금은 불안해지기 시작했다. 이준기, 아이유, 강하늘, 남주혁, 홍종현, 지수, 서현에 이르는 스타 캐스팅, 〈그 겨울, 바람이 분다〉와 〈괜찮아, 사랑이야〉의 김규태 PD, 중국에서 역대급 흥행을 거둔 원작…. 있는 것 없는 것 다 끌어모아 인적·물적 자본을 투입했는데, 이래 놓고 망하면 어떻게 하지 하는 불안함이 물안개처럼 피어올랐다.

아니나 달라, 너무 많은 스타를 등장시킨 드라마는 이 사람 저 사람에게 포커스를 나눠주느라 내용을 전진시키지 못하고 착실하게 산으로 올라갔다. 이준기와 강하늘이 망해가는 드라마를 살려보려고 고군분투하는 동안, 큰 기대를 모으지 않았던 KBS 〈구르미 그린 달빛〉은 박보검과 김유정에게 신드롬에 가까운 인기를 안겨주며 여유 있게 압승을 거뒀다. 중국 팬들은 자국의 수많은 사극들 중 손에 꼽힐 명작인 〈보보경심〉이 타지에 가서 고생하는 광경을 지켜봐야 했고, 오로지 배우를 향한 의리로 〈달의 연인〉을 본 한국 시청자들은 드라마가 끝난 뒤 이 작품을 인내해낸 제 자신의 수고를 위로해야 했다.

대체 이렇게까지 망한 이유가 무엇이었을까? 답은 명확해 보인다. 원금 회수를 장담할 수 있을 만큼 흥행코드를 충분히 확보해야 한다는 생각들을 하느라, 완성도를 높여 작품성에 충실해야 한다는 생각들을 잠시 뒤로 미룬 탓이다. 근래 들어 이경희 작가의 작품이 예전 같지 않다는 건 공공연한 비밀이었고, 거대 자본이 투입된 블록버스터급 작품을 이끌어갈 주연의 자리를 온전히 맡겨도 좋을 만큼 수지나 아이유의 연기력이 제대로 검증된 적 없다는 것도 모두가 알고 있는 사실이었다. 주인공 얼굴에 극단적인 클로즈업을 들이대느라 기껏 마련한 의상도 세트도 좀처럼 보여주지 않는 김규태 PD의 연출 스타일도 전작들에서 이미 드러난 패였다.

하지만 반드시 흥행을 성공시켜야 한다는 생각이 간절했던 제작자들은 별 고민 없이 이 말도 안 되는 조합을 질러버렸다. 일단 팔아야 한다는 생각이 좋은 작품을 만들어야 한다는 기본을 압도하는 순간, 좀처럼 망할 이유가 없어 보였던 사전제작 드라마들은 그렇게 침몰했다.

실시간으로 피드백이 있었다면,
아니, 그간 제기된 것들이라도 수용했다면
역설적으로 완전 사전제작이 아니었다면 방송 도중에 방향 선회를 꾀할 기회들이 있었을 것이다. 실제로 수많은 드라마들이 방영 도중 시청자들의 반응에 맞춰 전개 방향을 틀기도 하니까. 설령 완전 사전제작을 했다 하더라도 드라마의 상업적인 측면에만 집중하는 게 아니라 내실을 기하라는 평단의 꾸준한 지적에 조금이라도 대비했다면, 제작과정에서 더 많은 중간 내부 시사를 거치고 작품을 보완할 방향을 모색했다면 이와 같은 상황은 피할 수 있었을지 모른다.

그러나 2016년의 완전 사전제작 드라마들은 방영 도중에 피드백을 받을 기회도 없었고, 기존에 제기되었던 작가나 배우, PD에 대한 지적이나 한국 드라마 특유의 클리셰들에 대한 피드백도 수용하지 않았다. 그리고 중국 미디어 시장은 얼어붙은 한중관계 때문에 언제 해빙될지 모르는 긴 냉각기에 접어들었다. 수업료 치곤 너무 비싸지 않나.

작은 피드백도 소홀히 하지 마라

기획을 할 때 우리는 여러 가지를 염두에 둔다. 기획이 빛을 보기에 가장 최적의 조건은 무엇인가. 맨 처음 공들여 설계한 그림을 원안 그대로 관철시키려면 어떤 전략을 구사해야 하는가. 그러나 이 모든 건 꾸준히 아이디어를 보완하고 오류를 수정하는 일을 병행한다는 전제가 성립되었을 때 비로소 빛을 본다. 오류인 게 분명한 것조차 빠르게 피드백을 받아 수정하는 대신 "이건 우리 기획이 지닌 특성"이라고 밀어붙인다면, 자칫 수정하려고 했을 땐 모든 게 너무 늦어버린 이후이기 십상이다. 마치 2016년의 완전 사전제작 드라마들이 완성도 면에서 실패했거나, 혹은 상업성과 완성도 모두에서 혹평을 들으며 잊혔던 것처럼 말이다.

여자 아이돌 가수와 먹방을 결합한 쇼를 표방한 JTBC 〈잘 먹는 소녀들〉의 경우를 보자. 처음 네이버 V앱을 통해 인터넷 생중계가 되었던 2016년 6월 15일 직후부터, 프로그램은 가학성과 선정성을 지적하는 여론과 일부 언론의 우려를 마주했다. 그러나 JTBC는 같은 해 6월 29일 첫 녹화분의 파기나 재촬영 없이 〈잘 먹는 소녀들〉의 파일럿 방송을 방영했다. 미처 V앱 생방송을 접하지 못했던 네티즌들과 언론들은 파일럿 방송을 통해 프로그램을 접했고, 그 즉시 프로그램에 대한 비판에 동조했다. 인터넷 생중계와 본방송 사이에 2주가량의 시간이 있었지만, 그사이에 제기된 비판에 대해 빠르게 대처하지 않은 채 본방송의 반응을 기다리다가 더 큰 비판에 직면한 것이다.

결국 〈잘 먹는 소녀들〉은 본방송 2회 만에 프로그램을 전면 재정비해 먹방 토크쇼 〈잘 먹겠습니다〉로 방향을 틀었지만, 이미 프로그램과 제작진에 대한 신뢰가 심하게 떨어진 이후의 일이었고, 한번 신뢰를 잃은 프로그램은 좀처럼 화제가 되지 못했다. 제작진이 다각도에서 제기된 피드백을 단순한 버즈 이상으로 받아들였다면 아마 이런 일은 없었을 것이다.

지적을 수용하지 않은 <나는 남자다>의 결말

비슷한 예를 하나 더 살펴보자. 유재석의 실패 중 하나로 기록된 2014년 KBS 〈나는 남자다〉가 있다. 공동MC 김원희를 동등한 자격으로 대화에 참여시켜 남성 위주의 시선을 여성의 눈으로도 검토하고 보완했던 MBC 〈놀러와〉 '트루맨쇼'와는 달리, MC부터 방청객까지 전원 남자로만 채운 〈나는 남자다〉는 남성들의 유아적인 부분까지도 '남자끼리'라는 암묵적인 분위기 속에 묻어버렸다.

이는 분명 2년 전의 '트루맨쇼'보다 오히려 퇴행한 지점이었다. 게스트로 출연하는 여자 연예인을 '오늘의 여신'이라 호명하며 대상화하는 식의 접근이나, 남자 방청객들의 사연을 소개하며 지나치게 소모적인 농담들로 시간을 때우는 구성은 쇼의 원심력을 저하시켰다. 특히 특별 게스트 고유진이 'Endless'를 부르며 등장할 때 다 함께 떼창으로 노래를 따라하는 방청객들을 잡는 카메라는, 자신이 하고자 하는 게 단순한 스케치인지 그런 방청객들을 향한 자조인지 제 자신도 확신이 서 보이지 않았다.

이런 완성도로도 정규편성이 될까 하는 의구심이 있었지만, KBS는 '시즌제 토크쇼'라는 조건을 걸고 〈나는 남자다〉를 정규편성하기에 이른다. 아마 TV의 주 소비층인 2049 여성층이 남자들끼리 있을 때 무슨 이야기가 오가는지 궁금해할 것이라는 계산과 유재석의 진행 능력을 믿은 결정이었을 것이다.

그렇다면 파일럿에서 지적된 여러 단점들은 제때 보완이 됐을까? 파일럿 방영 이후 4개월이 지나 첫 정규 방송이 나간 날, 많은 이들이 탄식을 금하지 못했다. '트루맨쇼' 시절 성적인 이야기를 아무렇지 않은 표정으로 스윽 흘리는 것으로 강렬한 인상을 남긴 권오중이 MC진에 추가된 걸 제외하면, 〈나는 남자다〉는 파일럿에서 지적받은 그 어떤 부분도 고치지 않았다. 남자들로만 이루어진 배타적인 방청객 모집과 철저히 남성 본위의 주제설정 또한 파일럿 그대로였고, 유재석의 진행 능력에만 기댄 채, 소모적인 농담을 고수하는 것 또한 변한 게 없었다. 파일럿에서 정규편성까지 4개월, 피드백을 받아 보완하려 했다면 충분했을 시간이었으나 제작진은 권오중의 합류를 제외하면 어떤 피드백에도 응하지 않았다.

시청률로든 평으로든 고전을 면치 못한 〈나는 남자다〉는 후반부에 가서는 여성 방청객들을 초대한 여성 특집을 마련해 다소 좋은 반응을 얻었지만, 이미 때는 늦었다. 시청률은 굳어진 상황이었고, 프로그램 콘셉트를 남성들만의 쇼라고 못 박아둔 탓에 여성 방청객들에게 손짓해 여성들의 이야기를 다루는 것 자체가 프로그램 정체성을 모호하게 한다는 딜레마를 이겨낼 수 없었다. 뒤늦게 김제동을 투입해 유재석-김제동이라는 검증된 콤비 플레이를 선보이기도 했지만, 그런 변화의 몸부림도 프로그램 초반에 쏟아졌던 혹평과 실망을 넘어서진 못했다. '시즌제'라는 말이 무색하게 다음 시즌 소식이 없는 이 결과는, 피드백을 수용했어야 할 타이밍을 놓치지 않았다면 사뭇 달랐을 것이다.

실패를 반복하든 약점을 무기로 전환하든,
오류의 보완 없이는 불가능하다.

지적받은 단점과 오류를 인정하고 수정하는 것은 단기적으로는 민망한 일일지 모르나 장기적으로는 이득이 된다. 2013년 9월, 세계 최대의 파스타 생산업체 바릴라의 CEO 귀도 바릴라는 이탈리아 라디오 인터뷰 중 자사의 광고에 게이와 레즈비언 커플을 등장시키지 않겠다는 입장을 밝혔다. "동성애자들도 타인에게 피해를 주지 않는 한 뭐든 할 권리가 있고 그 점을 존중합니다. 하지만 전 그들과 세상을 보는 관점이 다르고, 제가 생각하는 '가족'이란 전통적인(이성애 커플의) 가족입니다. 만약 동성애자 커플이 저희의 정책에 불편함을 느낀다면 다른 회사 제품을 소비하면 될 일입니다."

권리를 존중한다는 전제를 달았지만 결국 배척하겠다는 의사까지 포함한 명백한 혐오 발언이었으니, 여론이 발칵 뒤집어진 건 당연한 수순이었다. "불편하면 사지 말라고 하니 안 사겠다"는 반응들이 하루 사이 이탈리아 SNS를 도배했고, 분위기가 험악해지자 다음 날 귀도 바릴라는 자사의 홈페이지에 간략한 사과문을 발표했다. "제 발언이 논란이나 오해를 불러일으키고 사람들의 마음을 다치게 했다면 죄송하게 생각합니다. 이 점들을 분명히 하고 싶습니다. 저는 모든 사람들을 그 어떤 구분 없이 존중합니다. 저는 동성애자를 포함한 모든 사람에게 자신을 표현할 권리가 있음을 존중합니다. 다시 강조하건대 저는 동성 결혼을 존중합니다. 저희 회사의 광고에서 바릴라는 가족을 대변합니다. 모든 이들을 받아주는 것이야말로 가족이기 때문입니다."

논란은 그치지 않았다. 모든 이들을 받아주는 것이 가족인데 왜 그 안에 동성애자들은 출연시키지 않겠다는 건지 설명이 되지 않았으니까. 문제의 발언 일주일 후, 귀도 바릴라는 사과문을 담은 동영상을 온라인에 공개했다. 단 이번엔 조금 논조가 달라졌다. "제가

'가족'이란 개념의 진화에 대한 이 격렬한 논의에서 배워야 할 점이 많다는 건 분명합니다. 저는 다음 주 가족의 미래상을 가장 잘 대변하는 그룹의 대표들과 만나기로 했습니다. 이분들 중엔 제 발언으로 상처를 입은 분들도 포함되어 계십니다." 귀도 바릴라는 단순히 미안하고 노력하겠다는 막연한 말로 끝내거나 눈물을 흘리는 대신 대화와 경청을 약속했다.

이때까지도 위기를 모면하기 위한 립서비스에 지나지 않을 거라 믿는 이들이 많았지만, 그때부터 바릴라는 빠르게 변하기 시작했다. 같은 해 11월 귀도 바릴라는 성소수자 가족들과의 면담 및 대화를 통해 배운 바를 실천에 옮기기 위해 사내에 외부 인사들을 포함한 '다양성·포용성 위원회'를 설치했다. 사내 임직원들에게 젠더와 섹슈얼리티 관련 교육을 제공하고, 제도적으로 성 정체성과 지향에 따른 차별을 방지하는 장치를 마련했으며, 성소수자 피고용인들의 파트너에게도 이성애자 피고용인 가족이 받는 것과 동일한 건강보험 혜택을 제공했다.

문제의 발언 이후 1년 만에, 바릴라는 미국 최대 성소수자 인권단체 휴먼 라잇 캠페인[HRC]의 성소수자 친화기업 평가에서 최고 등급을 기록했다.

빠르게 수용하고 단호하게 수정하라

바릴라처럼 비교적 빠르게 피드백을 수용해 위기를 극복한 사례 중 하나로는 tvN 〈더 지니어스〉 시리즈를 꼽을 수 있겠다. 게임 참가자들이 매주 두뇌 싸움과 정치력 발휘 등을 통해 생존을 꾀하는 서바이벌인 〈더 지니어스〉는 안 그래도 일본 드라마 〈라이어 게임〉과의 표절 시비로 그 탄생부터 논란이 많았던 작품인데, 시즌 1에선 적용되었던 룰인 '폭력과 절도를 금지한다'가 시즌 2에서 슬그머니 사라지면서 더 큰 논란에 직면했다. 시즌 2 중반 상대의 게임 아이템을 훔쳐서 변칙으로 승리하는 이들이 등장했음에도 이를 딱히 처벌할 근거가 없어졌기 때문이다.

한번 프로그램이 신뢰를 잃기 시작하자 탈락자를 결정하는 방식도 의혹의 대상이 됐다. 탈락자 결정 게임 종목을 탈락자 후보가 결정된 다음에 공개하는 시스템하에서는 제작진이 사실상 탈락자를 고를 수 있게 된 것이 아니냐는 지적이 등장한 것이다. 이런 각종 논란과 의혹 속에 최악의 시즌이란 이야기를 들으며 시즌 2가 종영된 탓에, 시즌 3의 순항을 기대하는 이는 많지 않았다.

우려에도 불구하고 〈더 지니어스〉 시리즈가 시즌 4까지 올 수 있었던 건 결국 제작진이 기민하게 피드백을 수용했기 때문이다. 제작진은 시즌 3에서 매회 게임을 시작하기 전 미리 탈락자 결정 게임 종목이 담긴 봉투를 밀봉해 모두가 보는 가운데 금고에 넣어둠으로써 탈락자를 입맛에 맞게 고른다는 의혹을 불식시키고, 폭력이나 절도를 행사한 참가자는 자동으로 메인 매치 최하위가 되어 탈락자 후보가 된다는 룰을 도입했다. 물론 참가자들의 정치력 발휘를 통한 연합 구성은 쇼의 핵심적인 요소였기에 제작진 또한 특정 연합이 게임의 그림을 좌지우지하는 것까지는 막지 못했지만, 적어도 최소한의 공정성을 담보하는 장치를 도입하라는 피드백을 빠르게 수용한 것이다.

시즌 3의 첫 화에서 이러한 변화를 접한 시청자들은, 이러한 변화를 프로그램이 시청자들의 반응을 빠르게 수용하는 전향적인 태도를 보여준 것으로 이해했다. 덕분에 프로그램은 그다음 시즌으로 이어갈 원동력을 확보할 수 있었다.

물론 〈더 지니어스〉를 마냥 성공적인 사례라고 이야기하긴 어렵다. 〈더 지니어스〉는 여전히 프로그램의 가장 큰 약점인 표절 혐의에 관해서는 이렇다 할 답을 내놓지 못했고, 같은 제작진이 완전 사전제작으로 완성한 후속작 tvN 〈소사이어티 게임〉은 〈더 지니어스〉 시리즈의 팬들이 열광했던 '공정한 경쟁의 결과로 얻어낸 실력의 승리'라는 요소를 하나도 계승하지 못했으니까. 그러나 최소한 시리즈가 폐지 직전의 상황에 몰렸을 때, 〈더 지니어스〉 제작진은 가장 중요한 지적들을 놓치지 않고 제때 반영했다.

당대 최고의 여자 아이돌들을 한 자리에 모았던 〈잘 먹는 소녀들〉과 유재석을 기용한 〈나는 남자다〉보다 〈더 지니어스〉가 더 오래 살아남은 이유는 결국 피드백을 받아들이는 태도와 피드백을 수용한 타이밍이었다.

'런닝맨'의 성공과 실패

한류 예능의 중심이 될 거라고 생각하고 시작한 것은 아니었겠지만, SBS 〈일요일이 좋다〉 '런닝맨'은 그 시작부터 어깨에 실린 무게가 제법 무거운 프로그램이었다. '패밀리가 떴다' 시즌 1은 KBS 〈해피선데이〉 '남자의 자격'에 밀려 2009년 폐지됐고, 그 뒤를 이은 시즌 2는 영 성과를 내지 못하고 헤매다 방영 5개월 만에 종영된 상황. 〈일요일이 좋다〉나 유재석이나 모두 일요일 저녁 버라이어티에서 자존심 회복이 필요했다.

그런 의미에서 과거 MBC 〈스타 서바이벌 동거동락〉이나 SBS 〈일요일이 좋다〉 'X맨을 찾아라' 시절부터 유재석이 꾸준히 강세를 보였던 게임 버라이어티에, 〈무한도전〉 추격전 시리즈의 요소를 가미한 '런닝맨'은 〈일요일이 좋다〉가 작정하고 띄운 승부수나 다름없었다. 코너 시작 전 방송국 차원의 대대적인 홍보가 있었고, 홍보의 핵심에는 유재석이 있었다. 반드시 돼야 하는 프로그램이었다는 이야기다.

이렇게 모두의 기대를 사며 출발했음에도, 첫 촬영분의 리듬감은 어딘가 불안하기 짝이 없었다. 프로그램의 정체성이나 캐릭터도 제대로 정립되지 않은 상태인데, 제작진은 다짜고짜 50명의 시민들과 펼치는 닭싸움 대결을 마련한다거나, 한국 최대 규모의 쇼핑몰에서 게임을 진행한다는 점을 연신 강조하며 쇼의 스케일을 자랑하는 데 집중했다. 제작진이 마련한 게임을 하기 위해 가다 말고 멈춰 서고 가다 말고 멈춰 서는 것을 반복하는 리듬은 '걷지 말고 뛰어'라는 슬로건을 내건 쇼에는 어울리지 않았다. 속도감을 내세운 쇼가 속도감 대신 덩치를 자랑한 모양새가 됐으니 제작진이 노리는 바가 무엇인지는 좀처럼 읽히지 않았다. 출근길 올림픽대로를 연상시키는 가다 서다 속에서 가장 많은 웃음을 자아낸 건 역설적이게도 게스트였던 이효리였다.

지적을 빠르게 검토한 '런닝맨',
속도감을 높여 쇼의 향방을 바꾸다

영 좋지 않은 첫 반응에, 도심 속의 속도감을 강조하는 프로그램을 표방했던 제작진은 빠르게 쇼의 리듬감을 손보기 시작했다. 정적인 게임의 수를 줄이고, 4회에서부턴 각자의 등 뒤에 힌트를 붙여 서로 쫓고 쫓기며 이름표를 떼는 '런닝맨' 특유의 이름표 떼기 추격전의 문법을 확고히 세웠다. 7회에서는 술래의 신발에 방울을 달아 레이스의 숨바꼭질 요소를 더 강화함으로써 속도감과 긴장감을 강조하는 방향을 추구했다. 쫓고 쫓기는 레이스 속에서 자연스레 강자와 약자 구도, 약자 사이의 이합집산과 배신 구도가 잡히면서 비로소 각자의 캐릭터와 그 상호작용이 무르익기 시작했고, 이거다 싶었던 제작진은 매회 게임 종목을 바꿔가며 포맷을 실험해보던 앞의 회차들과는 달리 4개월가량 방울 레이스를 고정으로 밀었다. 다소 유치찬란해 보여도 팬들에게 직관적으로 받아들여진 캐릭터 '유혁' '유르스 윌리스' '능력자' '에이스' 등이 자리를 잡기 시작한 것도 바로 이 무렵이었다.

초반의 부실을 지적하는 목소리를 감지하자마자 지적받은 부분 위주로 쇼의 문법을 더 정교하게 매만진 결과는, 예상하지 못한 국제적 인기였다. '런닝맨'이 얻은 국제적 인기의 많은 부분이 바로 이때 다듬어진 레이스에 기반을 두고 있다. 문화적 배경에 대한 이해가 필요한 랜드마크 자랑이나 사진찍기 게임 등과는 달리, 달리고 쫓고 도망가고 이름표를 뜯는 게임은 언어적·문화적 차이를 뛰어넘을 만큼 직관적이다. 또한 그 게임의 양상 안에서 멤버마다 다른 힘과 능력치의 차이가 시각적으로 선명하게 드러나기에 멤버들 사이의 역학관계를 설명하기 용이했다. 만약 도심 속 랜드마크를 소개하는 것에 집착했거나 개리의 평온한 돌부처 표정의 인기 때문에 포토존 게임을 계속 고집했다면, 아마 범아시아적인 인기를 얻기는커녕 진작에 폐지되었을 것이다.

안정적인 팬층을 확보하면서, '런닝맨'은 핵심 팬들의 피드백에

즉각적으로 반응하는 법을 빠르게 익혔다. 2013년 9월 방영된 '소녀를 찾아서' 에피소드는 이광수가 사는 지역인 남양주에 거주하는 열성 팬이 정성 들여 작성해 보낸 팬레터와 기획안 제안에 탄복한 제작진이 마련한 선물이었는데, 이광수의 아버지가 운영하는 가구공장을 중간 집결지 삼고, 사연을 보낸 소녀 팬이 자주 다니는 도서관 등을 거쳐 마침내 소녀 팬이 다니는 학교에서 최종 라운드를 진행하는 식으로 스테이지를 배치하며 그 자체로 하나의 서사 구조를 이뤘다. 자신이 좋아하는 연예인과 프로그램을 위해 기획안을 구성한 팬과 그 제안을 고스란히 게임 안에 녹여낸 제작진, 그리고 마침내 자신을 이토록 오롯이 좋아하는 팬과 만나게 된 이광수까지. 이광수를 중심으로 '런닝맨' 안에서 멤버들이 맺고 있는 역학관계를 한눈에 조망하며 동시에 프로그램과 팬 사이의 유대감을 과시한다는 점에서 피드백 수용의 정점에 오른 에피소드라 할 만했다.

쇼를 개혁해야 하는 순간,
가장 기본적인 피드백을 놓치다

처음엔 달리지 않아서 문제였던 프로그램은, 뒤로 가면 달리기만 해서 문제가 됐다. 범아시아권에서 인기를 얻던 무렵부터 '런닝맨'은 점점 더 쇼의 속도를 높였다. 더 많은 해외 팬들이 쉽게 몰입할 수 있는 게임의 비중을 늘리며, 안 그래도 축소했던 게스트와의 토크나 상황극 등의 요소들이 더 줄어든 것이다. '런닝맨'의 인기를 불러온 주요 요소 중 한 축인 선명한 캐릭터 쇼가 퇴조한 상황. 템포가 빨라지는 것과 함께 밀도도 올라갔다면 얘기가 달랐겠으나 안타깝게 그런 것도 아니었다. 연차가 쌓이며 어느 정도 그 결과를 예상하는 게 가능해진 게임의 요소들을 고스란히 반복하는 탓에 프로그램은 속도만 빨라졌을 뿐 밀도는 외려 낮아졌다. 또한 2014년 포맷을 중국에 수출하고 중국판 제작 협력을 위해 주요 스태프들이 플라잉 PD 개념으로 중국으로 갔을 때부터, 제작진이 해외 팬들을 신경 쓰느라 초기 프로그램의 인기를 견인한 안방 팬들의 목소리를 듣는 걸 게을리하는 게 아니냐는 불만이 터져 나왔다.

제작진도 분명 그런 불만을 인식하고 있었다. 팬들의 불만이 가장 크게 터져 나왔던 2015년엔 메인 PD와 유재석 모두 시청자들에게 불만족스러운 방송이었노라 자평할 정도였고, 2016년 상반기에는 오랜 시간 '런닝맨'의 조연출을 맡았던 이환진, 박용우, 정철민 PD들에게 연출의 지휘봉을 맡겨 쇼의 오래된 문법을 뜯어고치려는 강수를 두기도 했다. 그러나 해외 팬들에게 집중하느라 잃어버린 집토끼들은 쉽게 돌아오지 않았다.

설상가상으로 2016년 한반도 내 사드 배치 결정으로 한중관계가 얼어붙으면서 중국 내에 강도 높은 '한한령'이 발동되자, '런닝맨'은 방영 이래 최대의 위기에 처하게 된다. 쇼를 꾸준히 소비할 수 있는 국내 팬들은 쇼에 대한 마음이 예전 같지 않고, 여전히 쇼를 사랑하는 중국 팬들은 예전처럼 쇼를 꾸준히 소비하기 어려워진 것이다. 이에 강호동을 영입해 '런닝맨'을 유재석-강호동 양강 체제로 개편하려던 제작진은 그만 가장 기본적인 실수를 저지르고 만다. 오랜 시간 쇼에 헌신하며 국내외 팬들을 이끌었던 송지효와 김종국의 하차를 발표하는데, 그게 당사자인 송지효와 김종국과의 논의나 사전 교감을 통해 결정된 사안이 아니라 제작진이 일방적으로 결정하고 통보한 것이란 사실이 알려지며 난리가 난 것이다.

국내외 시청자들은 실망을 감추지 못했다. 특히 '런닝맨'이 낮은 국내 시청률에도 꾸준히 버틸 수 있게 해준 보루였던 해외 팬들의 분노와 항의는 상상 이상이었다. 각종 게임에서 송지효와 김종국의 존재가 차지하는 비중은 압도적이었고, 해외 팬들 사이에서는 두 사람의 인기가 유재석의 인기를 가볍게 웃도는 상황이었으니 당연한 결과였다. 그리고 가장 중요하게, 7년간 쇼와 함께했던 송지효와 김종국이 제작진에 대한 신뢰를 잃었다. '런닝맨'은 게임 쇼인 동시에 멤버들 간의 화학작용과 서사가 쌓여서 만들어지는 캐릭터 쇼였기에 멤버들이 들고 나는 자리가 절대 작지 않다. 제작진은 어떻게든 쇼에 새로운 동력을 들이고 새롭게 거듭나야겠다는 생각을 우선시하느라, 팬들이 가장 사랑하는 출연자들을 교체한다는 중차대한 결정을 내리는 과정에서 팬들과의 피드백은커녕 출연자와의 의사소통도 생략해버리고 말았다. 제작진은 출연자들이야말로 함께 프로젝트를 만들어가는 동료이자, 가장 먼저 결과물을 접하고 피드백을 줄 수 있는 첫 관객이란 사실을 망각했다.

결과는 처참했다. 제작진이 출연자들의 하차를 아무런 사전 교감 없이 일방적으로 결정하고 통보했다는 사실을 알게 된 강호동은 하루 만에 프로그램 합류 의사를 번복했고, 송지효와 김종국 측은 제작진에 대한 신뢰를 잃고 감정을 심각하게 다쳤다는 입장을 밝혔다. 시청률 반전과 부활을 꿈꾸던 '런닝맨'은 2017년 2월 종영을 목표로 유종의 미를 거두겠다고 선언하는 지경에 이르렀다. 7년의 세월이 무색한 종영 소식에 팬들은 아쉬워했고, 제작진은 매주 멤버들이 원하는 아이템을 쇼에 편성하며 화해의 제스처를 취했다.

거기까진 좋았다. 그러나 멤버들과 제작진 사이의 불신이 어느 정도 해소되고 팬들의 아쉬움이 커지자, SBS는 다시 종영을 취소하겠다고 입장을 바꿨다. 종영의 아쉬움에 마음이 누그러졌던 팬들은 다시 한 번 농락당했다는 기분에 휩싸여야 했다. 피드백을 빠르게 받아들여 위기를 극복하고 놀라운 성공을 거뒀던 쇼가, 피드백을 들어야 하는 타이밍을 번번이 놓치며 초라한 결말을 맞이했다가, 다시 피드백 없이 종영을 번복한 탓에 반감을 산 채 새 출발을 모색해야 하는 상황에 놓였다. 피드백에 실패한 대가가 이리도 크다.

들어야 할 피드백과 흘려야 할 피드백

앞서 우리는 피드백에 빠르게 대응하느냐 아니냐에 따라 프로그램의 명운이 갈렸던 순간들을 살펴보았다. 2016년도의 완전 사전제작 드라마들은 장르 자체에 대해 이미 나와 있었던 피드백을 받지 않았고, 방송을 시작한 이후엔 피드백을 받을 기회조차 없었다. 바릴라나 tvN 〈더 지니어스〉 시리즈처럼 빠르게 피드백을 반영한 케이스들은 살아남았고, JTBC 〈잘 먹는 소녀들〉이나 KBS 〈나는 남자다〉처럼 피드백에 제때 응답하지 못한 케이스들은 결국 실패로 기록되었다. SBS 〈일요일이 좋다〉 '런닝맨'은 초반엔 빠르게 피드백을 반영해 살아남았고, 프로그램을 개선하는 과정에서 핵심적인 피드백 채널을 무시하는 식의 의사결정으로 논란을 빚었다.

그러나 밖에서 바라볼 때는 내리기 쉬웠던 진단이, 안에서 프로젝트를 이끌어갈 때는 막상 내리기 어려울 때가 많다. 외부인이 아니라 내부인의 입장으로 프로젝트를 바라보기에 그림 전체를 조망하기 어렵고, 외부의 피드백으로 자신이 직접 내린 선택과

판단을 수정할 만큼 객관적이기 쉽지 않기 때문이다. 저들보단 내가 더 이 프로젝트를 잘 알고 있다는 주인의식은 종종 피드백에 귀를 닫는 실수를 범하게 한다. 그렇다고 수많은 피드백을 죄다 수용해버리면 기획은 점점 산으로 올라가 원래 의도나 그 모습을 찾아보기 어렵게 변질되어버린다. 그렇다면 대체 어떤 피드백을 수용하고 어떤 것들은 밀어붙여야 한다는 것일까?

지금 하는 일은 공정한 일인가

놓쳐서는 안 되는 피드백 첫 번째는 공정성에 대한 피드백이다. 우리 모두는 우리가 즐기는 문화 콘텐츠나 소비하는 상품, 서비스 등이 공정한 기준에 따라 작동하길 바란다. 그래야 콘텐츠 제공자가 제시하는 방향성을 납득할 수 있지, 이렇다 할 기준이 없다거나 납득하기 어렵다고 느끼면 더 이상 집중하기 어려워진다. 앞서 살펴본 사례 중 서바이벌 게임을 선정하고 운용하는 데 최소한의 공정함을 잃었다는 지적을 받자 다음 시즌에 바로 수정에 들어간 tvN 〈더 지니어스〉 시리즈나, 쇼의 원칙을 깬 재도전을 강행했다가 시청자들의 비판 끝에 쇼를 재정비해야 했던 MBC 〈우리들의 일밤〉 '나는 가수다'가 대표적인 사례다. 반면 프로그램을 개편하는 과정에서 고정 출연자와의 논의도 생략하고 팬들의 심기도 살피는 데 실패한 '런닝맨'은 압도적인 성공에도 결국 쓸쓸한 결말을 피할 수 없었다. 일방적인 하차 통보가 쇼의 공정성을 심각하게 해쳤기 때문이다.

중요한 건 이 공정성이라는 가치가 포괄하는 범위가, 시대에 따른 가치관의 변화와 함께 조금씩 넓어진다는 점이다. 20세기 중반의 기준이었다면 소위 '정상가족' 모델에 집착했던 바릴라의 선택에 대한 비판의 목소리가 그렇게 높지 않았을 것이다. 그러나 성소수자들이 가정을 꾸리고 살아갈 권리와 다양한 가족 모델을 긍정하라는 요구가 높아진 오늘, 가족의 가치를 이야기한다면서 특정 형태의 가족은 캠페인에서 배제하겠다는 바릴라의 선택은 전 사회적으로 '공정하지 않다'는 비판을 피할 수 없었다. 이는 여자 아이돌을 소비하는 방식에 대한 접근에서 세심함을 잃었던 JTBC〈잘 먹는 소녀들〉에서도 지적됐던 바다. 〈함부로 애틋하게〉의 남자 주인공이 연애에 임하는 자세는 20여 년 전이었다면 큰 문제가 없었을지도 모른다. 그러나 데이트 폭력에 대한 문제제기가 한창이던 2016년엔 용납되기 어려운 내용이었다. 콘텐츠 기획을 하는 사람이라면 동시대에 어떤 가치가 꾸준히 언급되는지 유심히 살펴볼 필요가 있다.

지금 하는 일은 누구를 위한 일인가

놓쳐서는 안 되는 피드백 두 번째는 타기팅^{Targeting} 오류에 대한 피드백이다. 내가 준비해 선보인 기획이 과연 노려야 할 타깃에 정확하게 전달이 되는가의 여부는 일의 성패를 가르는 요소다. KBS〈나는 남자다〉는 남성 시청자들끼리 모여 소소한 이야기를 나누는 소셜 클럽 내지는 인터넷 남초 커뮤니티의 공기를 프로그램을 통해 구현해보는 것이 목적이었다고 하지만, 정작 이에 공감해야 할 남초 커뮤니티 유저들이나 남성 시청자층이 보기엔 다소 애매한 쇼였다. 다양한 연령대의 시청자들을 대상으로 하는 지상파 채널이라는 특성상 실제 남초 커뮤니티에서 오가는 수위의 대화를 나누는 것은 애당초 불가능했으니, 남초 커뮤니티 유저의 입장에선 굳이 이 프로그램을 꼭 봐야 할 이유가 없었다.

그런가 하면 방송의 표준 타깃 시청자층이라 할 만한 2049 여성층이 보기엔 배타적인 쇼였다. 〈나는 남자다〉는 방송 앞머리 경고문으로 '남자의, 남자에 의한, 남자를 위한 방송을 원칙으로 합니다. 하지만 몰래 시청하는 여자들을 더 환영하고 있습니다'라는 메시지를 던지며 '남자들끼리 모이면 무슨 이야기를 할까' 궁금해하는 여성 시청자층의 유입을 내심 기대했다. 그러나 여성 시청자의 입장에선, 이미 한국 예능 프로그램 중 남자들끼리만 모여 이야기하는 걸 담아내는 프로그램이 넘치게 많은데 굳이 '남자의, 남자에 의한, 남자를 위한 방송'을 표방한 프로그램까지 봐야 할 필요를 느끼지 못했다. 결국 〈나는 남자다〉는 그 어떤 타깃층도 매료시키지 못했다.

'런닝맨'의 경우는 어떤가? 처음 '런닝맨'이 겨냥했던 타깃은 당연히 국내 팬들이었다. 명확한 캐릭터성과 멤버들 사이의 역학관계, 긴박한 게임의 구성으로 10대 시청자들은 물론 20~30대 시청자들까지 사로잡으며 '런닝맨'은 한 시절을 명실공히 일요 예능의 최강자로 군림하는 데 성공했다. 그러나 쇼가 수많은 해외 팬들을 사로잡기 시작하며 제작진은 점차 쇼가 겨냥해야 할 주요 타깃이 누구인지 헷갈리기 시작했다. 핵심 스태프들이 중국판 '런닝맨'인 중국 저장위성TV 〈달려라 형제〉 제작을 위해 빠져나간 탓에 원조 '런닝맨'의 완성도가 헐거워졌고, 해외 팬들이 선호하는 레이스 위주로 쇼를 꾸리면서 캐릭터 쇼로서의 성격이 흐릿해졌다. 제작진은 누구의 말을 듣고 어디를 중심으로 삼아야 하는지 그 기준을 잃었고, 그 탓에 쇼를 리뉴얼하는 과정에서는 국내외 팬은 물론 출연자의 의견도 듣지 않고 무리한 결정을 내리는 실수를 저질렀다.

지금 하는 일의 정체가 무엇인가

놓쳐서는 안 되는 피드백 세 번째는 정체성에 대한 피드백이다. 어떠한 종류의 일이든 그 정체성이 명확하지 않은 채로 오랜 시간을 보내다 보면 결국 이도 저도 아닌 결과를 거두게 된다. 앞서 언급한 KBS 〈나는 남자다〉는 시즌 1 중반이 되도록 자신들이 생각하는 남자의 상이란 무엇인가에 대한 답도, 보는 이들에게 어떤 식으로 말을 건네야 좋을지도 파악하지 못했고, 그 탓에 끝내 그리 좋은 기억으로 남지 못했다.

MBC 〈일요일 일요일 밤에〉 '뜨거운 형제들'을 잠시 살펴보자. '뜨거운 형제들'은 자신들이 어떤 종류의 쇼인가에 대한 설명이 채 끝나기도 전에 터져버린 아바타 소개팅 포맷의 성공에 고무되어 계속 아바타 소개팅과 상황극을 밀었다. 그러나 '웃기기 위해 무엇이든 한다'는 것은 대부분의 예능이 공유하는 바였고, 아바타 소개팅의 경우 한정된 조종사들이 반복적으로 등장하다 보니 점점 애드리브나 대화 패턴이 예측 가능한 방향으로 굳어졌다. 쇼 자체의 정체성이 확고하다면 그 정체성을 기반으로 다른 코너를 시도해볼 수 있었을 것이나, 정체성이 제대로 서기 전에 개인기를 먼저 발굴해버린 쇼에게 딱히 다른 선택지가 가능하지 않았다. '뜨거운 형제들'은 갑자기 시골 분교를 찾아가 일일 교사가 된다거나, 아이들의 일일 아빠가 되는 등 과거 MBC가 강세를 보였던 공익 예능을 연상케 하는 아이템으로 방향을 선회했지만, 동일한 쇼라고 보기엔 앞서 선보인 근본 없는 코미디와의 온도 차이가 너무 컸다. '뜨거운 형제들'은 결국 제대로 된 두 번째 기회를 가지지 못하고 폐지되고 말았다.

　SBS 〈달의 연인 - 보보경심 려〉 또한 비슷한 비판에서 자유로울 수 없다. 김규태 PD는 대하사극 분량의 원작을 미니시리즈 분량으로 압축시키면서 출연자 전원을 한류 스타로 만들고 싶다고 말했다. 하지만 가뜩이나 서사를 소화할 수 있는 시간과 공간이 줄어든 상황에서, 주인공 한두 명에게 집중하는 대신 모두에게 고르게 포커스를 맞추느라 제대로 스토리 전개를 하는 게 불가능해지는 상황이 벌어졌다. 거기에 꾸준히 등장한 극단적인 클로즈업은 대체 무엇을 위해 의상과 세트에 돈을 들였는지 알 수 없게 만들었다.

결국 〈달의 연인〉은 원작을 충분히 재해석하는 것에도, 그렇다고 독자적인 스토리라인을 성공적으로 이끌어가는 것에도 성공하지 못했다. 작품이 제대로 흥행하거나 입소문을 타는 데 성과를 거두지 못했으니 출연자 전원을 한류 스타로 만들겠다던 포부가 실현되지 않은 것은 물론이다. 애초에 이 작품을 통해 무엇을 할 것인가에 대한 비전이 선명하지 않은 상태에서 제작에 들어간 것이 이런 결과를 낳았다.

피드백은 일이 잘 안 풀릴 때도 오고 그렇지 않을 때도 온다. 때로는 그 수많은 피드백 중 어떤 것이 일의 명운을 가를지 판단하고 빠르게 대응하는 것이, 초기에 일을 계획하는 단계보다 더 중요하기도 하다. 뚝심 있게 일을 밀어붙이는 것의 중요성은 아무리 강조해도 모자람이 없지만, 당신에게 일의 본질에 대해 묻는 피드백이 당도한다면 잠시 멈춰 서서 되돌아보자. 지금 나의 일이 누구를 겨냥한 일인지, 무엇을 하려는 일인지, 그리고 그 과정이 공정한 일인지.

2

스스로 외연을 한계 짓지 마라

몇 년 전 통섭과 융합이라는 단어들이 한껏 인기를 끌었던 시절이 있었다. TV에 나오는 전문가들은 다가오는 미래에는 기존에 독자적으로 존재하던 분야들이 제 경계를 넘어 다른 분야와의 결합을 통해 새로운 가치를 창출할 것이라고, 종교학과 원자물리학, 뇌과학과 인문학, 기계공학과 예술 등이 결합해 이전엔 없던 초유의 학문과 산업들이 꽃을 피울 것이라고 말했다. 몇 년이 지난 지금, 세상은 과연 전문가들의 예상처럼 흘러가고 있을까?

그렇기도 하고 아니기도 하다. 딥러닝과 클라우드 기술을 결합해 인공지능 최초로 바둑으로 인간을 이긴 알파고나, 빅데이터 기술과 GPS 기술을 결합해 실시간 최단 경로를 알려주는 온라인 내비게이션 기술 등의 등장은 분명 기존에 개별적으로 연구되던 기술들이 합쳐진 결과물이다. 그러나 몇몇 IT 업계의 성과물을 제외하고 나면, 여전히 인류는 늘 하던 분야 안에서 그리 멀리 나아가지 못했다. '저기는 내 영역이 아니야' '우리 영역은 여기까지야'라는 고정관념과 관성은 생각보다 강력한 것이어서, 상식을 깨고 외연을 확장해 통섭으로 나아가는 일이 생각처럼 쉽지 않기 때문이다.

이번 챕터에서는 늘 새로운 것을 보여줘야 한다는 강박이 가장 심한 분야 중 하나인 TV 예능을 중심으로, 외연을 확장하고 새로운 영역으로 성큼성큼 걸어나감으로써 제 영토를 넓힌 사례들을 살펴보도록 하자.

여정은 기존에 확립된 장르 문법을 깨고 적극적으로 수사 드라마나 연극적인 요소들을 도입해 시청자들의 몰입도를 높인 SBS 심층취재 프로그램 〈그것이 알고 싶다〉의 혁신 사례와, TV의 먹거리를 위협하는 존재로 여겨지던 인터넷 방송의 문법을 적극적으로 차용함으로써 삽시간에 예능계의 앙팡 테리블로 떠오른 MBC 〈마이 리틀 텔레비전〉의 예, '이런 건 TV 토크쇼의 문법에 맞지 않으니까'라는 식으로 타협하는 일을 그만둔 순간 성공을 거둔 김제동식 토크 콘서트의 정착 사례를 살펴본 뒤, 고정관념에 정면으로 맞서 싸운 결과 제 자신이 설 공간을 창출하는 데 성공한 연예인 개개인의 사례를 함께 짚어보는 것으로 마무리될 것이다. 말로만 융합과 통섭을 이야기하는 데 그치는 게 아니라, 실제로 경계를 넘어간 사례들을 통해서 새 가능성을 찾을 수 있는 실마리를 찾아보자.

경계를 넘어서면 새로운 것이 보인다

시청률과는 별개로, 2015년 초 MBC 예능이 좋은 평가를 받고 있었던 것은 아니다. 〈우리들의 일밤〉 '진짜 사나이'는 예나 지금이나 군대를 지나치게 미화한다는 비판의 대상이었고, 기껏 포맷을 선도했던 〈우리들의 일밤〉 '아빠, 어디 가?'는 일종의 미투 상품인 KBS 〈해피선데이〉 '슈퍼맨이 돌아왔다'에 밀려 2기가 종영되기에 이르렀다. 정치나 연예계, 성 담론, 사회 문화에 대한 각종 토크쇼를 선보이며 이슈를 몰고 다니던 JTBC 예능이나, 이명한-나영석-신원호 군단을 데려가 〈꽃보다〉 시리즈, 〈응답하라〉 시리즈 등으로 연일 상한가를 치던 tvN 예능에 비하면 MBC 예능은 무척 낡아 보였다. 〈무한도전〉만이 과거 예능 왕국 MBC의 체면을 간신히 지키고 있었다. 더구나 점점 지상파 TV보다 아프리카TV나 다음 TV팟 등을 통한 인터넷 방송을 더 선호하는 디지털 네이티브 세대가 늘어나는 추세였으니, 비단 MBC뿐 아니라 지상파 예능 자체의 위기를 말하는 사람들의 목소리가 늘어나던 시기였다. 그때, 예상치 못한 곳에서 MBC 예능의 미래가 열렸다. 2015년 설 특집 파일럿으로 선보인 프로그램 중 가장 성공적이었다고 평가받는 작품인 〈마이 리틀 텔레비전〉(이하 〈마리텔〉)이 그것이다.

인터넷 방송과 지상파 방송을 합치니 전에 없던 뭔가가 나왔다

〈마리텔〉은 방송을 하는 사람과 시청하는 사람이 실시간으로 쌍방향 소통을 하는 인터넷 방송의 형식을 고스란히 지상파 TV 프로그램에 적용했다. 성장과정에서부터 인터넷을 접하고 자연스레 인터넷을 활용하는 세대, 디지털 네이티브 세대의 문법을 TV로 이식한 셈이다. 그래서 처음 〈마리텔〉이 등장했을 때만 하더라도 일각에선 '인터넷 방송에 대한 지상파의 항복'이라는 이야기도 등장했다. 오랜 세월 TV가 누려왔던 가장 압도적인 매체로서의 지위를 내려놓은 항복 선언이 아니냐는 지적이었다.

그러나 그 이후 〈마리텔〉이 뻗어나간 방향을 지켜보면 꼭 그렇다고 말하기 어렵다. 〈마리텔〉은 스튜디오 녹화과정을 인터넷으로 생중계해 실시간 소통이라는 인터넷 방송의 장점을 살리고, 그것을 화려한 CG나 유려한 편집으로 후가공하는 TV 예능 특유의 강점으로 보강했다. 생중계 채팅에 참여하는 네티즌들의 반응을 쇼에 반영함으로써 인터넷 네이티브 세대의 유머 코드를 TV로 가져왔으며, 김영만이나 백종원과 같이 지상파의 힘이 아니면 섭외하기 어려운 사람들을 카메라 앞으로 불러옴으로써 지상파만이 구현해낼 수 있는 공감의 순간을 만들었다. 출발은 인터넷 방송과 지상파 방송의 장점의 결합이었지만, 도착한 지점은 그 둘 모두 도달한 적 없던 곳이었다.

또한 여러 참가자들이 개별적으로 진행한 개인 방송을 편집을 통해 70분짜리 방송 한 편으로 정리하는 과정은 흡사 방송사 편성국 업무, 잡지사 에디터의 업무와도 닮았는데, 이 또한 전통적인 TV 예능 프로그램의 문법을 깨부순 새로운 시도라 할 수 있겠다. 처음 파일럿 프로그램이 편성되었을 때만 하더라도 단순한 먹방 코드를 들고 나온 참가자들이 적지 않았던 반면, 최근 방영분으로 갈수록 특정 분야의 전문가들이 출연해 자신만의 노하우를 알려주는 식의 시도가 주를 이루고 있다는 건 이러한 프로그램의 방향 변화를 시사하는 지점이다. 인터넷 방송 또한 여러 주제로 각자의 방송을 꾸려나가는 이들을 한데 모아서 MCN^Multi Channel Network을 만들고 상호적으로 콘텐츠를 교류를 하는 방향으로 뻗어나가고 있는데, 〈마리텔〉은 아예 70분짜리 방송 한 편 안에 여러 출연자들의 방송을 담아냄으로써 마치 하나의 매거진과 같은 형태로 진화한 셈이다.

플랫폼의 한계를 넘어 외연을 확장하라

콜럼버스의 달걀이 늘 그렇듯, 결과론적으로만 이야기하면 누가 이런 걸 생각해내지 못했겠느냐 반문하는 사람들도 있으리라. 그러나 지상파 채널에서 기존에 해본 적 없는 새로운 것을 시도한다는 건 굉장히 힘든 일이다. 더군다나 상대적으로 새로 등장한 장르인 오디션 프로그램이나 리얼리티 프로그램도 아니고, 지난 수십 년간 쌓여온 지상파 스튜디오 예능의 문법을 갑자기 바꾼다는 건 더더욱 어렵다. 방송심의규정부터 표현 수위에 이르기까지 지상파 채널은 케이블이나 종편과는 수준이 다른 제약에 묶여 있고, 다채널 시대의 경쟁이 치열해지면서 프로그램이 자리 잡기까지 진득하게 기다려주는 일은 예전 이야기가 되어버렸다. 그 탓에 새로운 시도를 하는 것보다 안전한 시도를 하는 일이 늘었고, 이런 분위기 속에서 조연출들이 메인 PD 자리에 오르는 평균 연령대 또한 지난 몇 년간 꾸준히 상승했다. 실제로 인터넷 매거진 〈아이즈〉와의 인터뷰에서 박진경 PD는 자신이 기획안을 써낼 때 "한창 관찰 예능이 유행했고 요리 방송이 막 뜨려는 시점이어서 다른 기획안 중에 그런 종류가 많았다"고 말한 바 있다. 앞서 시청자들로부터 어느 정도 검증된 아이템들이 올라온 것이다.

최근 몇 년간 지상파 채널에 있던 PD들이 앞다투어 케이블과 종편으로 발걸음을 옮긴 것은 단순히 몸값의 문제만이 아니라, 이렇게 보수적인 제작 환경의 문제의 문제이기도 하다. TV의 영역이라 여겨지던 구획을 깨버리는 〈마리텔〉의 실험은 이런 환경 속에서 이뤄졌다. 다른 채널의 방송이나 여타 선진국 TV 프로그램에서 이미 검증된 요소를 가져온 것도, 인터넷에서 화제가 되는 아이템'만'을 가져온 것도 아니라 아예 TV 외부의 문법을 지상파에 이식함으로써 말이다. 전통적으로 TV의 영역이라 여겨지던 구획 밖으로 뻗어나감으로써 TV라는 플랫폼의 외연을 넓힌 셈인데, 이는 단순히 올드 미디어가 되어가던 지상파 채널 차원의 반격일 뿐 아니라 TV라는 플랫폼이 앞으로 뻗어나갈 방향을 부분적으로나마 제시한 시도로 평가받을 만하다.

융합과 통섭의 시대라는 말이 유행의 물결을 탔던 게 불과 몇 년 전이었다. 그러나 그 실천은 말처럼 쉽지 않았다. 사람의 사고방식은 자주 자신이 몸담은 플랫폼의 한계 안에 갇혀 있기 때문이다. 해서 그 플랫폼과 정체성을 뛰어넘는 발상을 하는 것은 어려운 일이며, 그 발상을 현실태로 옮기는 것은 더더욱 망설여지는 일이다. 그러나 그 망설임을 과감하게 이겨내는 것이 정체 상태에 대한 돌파구가 될 수 있다. 물론 어려운 일이겠지만, '돌파구'란 게 원래 자신을 둘러싼 벽을 말 그대로 파고(突) 깨뜨리며(破) 나아가야 비로소 만들 수 있는 것 아니던가.

경계를 뛰어넘는 과감한 시도를 하라

태생부터 MBC 〈PD수첩〉이나 KBS 〈추적60분〉과는 그 궤가 다른 프로그램이긴 했다. 사건 사고나 우리 사회 비리에 포커스를 중점으로 맞춘 〈PD수첩〉과 〈추적 60분〉과는 달리, SBS 〈그것이 알고 싶다〉는 그 위에 오컬트 장르도 함께 끼얹어버렸으니 말이다. 어딘가 연극적인 서재 세트 안에서 긴장감을 자아내는 목소리로 시청자들에게 말을 건네던 초대 진행자 문성근의 존재는 〈리플리의 믿거나 말거나〉와 같은 영미권 미스터리 프로그램에서 차용한 것이고, 소재도 일단 '미스터리'라고 부를 수 있을 만한 것이라면 가리지 않고 죄다 아울렀다. 1991년 이형호 군 유괴 살인사건부터 UFO와 드라큘라의 존재에 이르기까지. 훗날 〈토요 미스터리 극장〉으로 미스터리 분야가 따로 떨어져 나가긴 했지만, 〈그것이 알고 싶다〉는 태생부터 조금은 오락적인 성향이 강한 프로그램이었던 셈이다. 그런 탓에 2000년대 후반까지만 해도 한국의 시사 프로그램을 대표하는 이름은 〈PD수첩〉이었다. 그 뒤를 〈추적60분〉이 따랐고, 〈그것이 알고 싶다〉이 이들보다 앞서 호명되는 일은 그리 많지 않았다.

태생부터 남들과는 달랐던 프로그램,
새로운 시도를 꺼릴 이유가 없었다

상황이 바뀌기 시작한 건 2010년대 초반이었다. 정치적인 이유로 MBC의 분위기가 흉흉해질 무렵, 제일 먼저 철퇴를 맞은 건 시사 프로그램들이었다. 〈PD수첩〉의 제작진은 다양한 평계로 징계를 당하거나 다른 프로그램으로 전출되었고, 개중 몇은 회사를 떠나야 했다. 국제 시사를 다루던 〈세계와 나 W〉, 뉴스의 이면을 다루는 〈후 플러스〉 등은 시청률의 논리로 폐지됐고, 〈시사매거진 2580〉 또한 다 제작한 프로그램을 상부의 지시 탓에 방영할 수 없는 사태가 터지기도 했다.

KBS라고 상황이 크게 다르진 않았다. 〈추적60분〉은 제작진 절반이 한번에 물갈이가 되는가 하면 특정 장면을 삭제하라는 압박에 지속적으로 시달렸다. 언뜻 생각하기엔 이 시기에 〈PD수첩〉과 〈추적60분〉을 즐겨보던 이들이 자연스레 압박에서 자유로웠던 〈그것이 알고 싶다〉로 몰려갔을 것이라 추측하기 쉽지만 꼭 그런 것만은 아니었다. 그 무렵 〈그것이 알고 싶다〉는 당시 토요일 밤 11시로 단독 편성되자마자 토요 예능 시청률 1위에 등극한 MBC 〈세바퀴〉와 경쟁해야 했고, 심할 때는 〈세바퀴〉에 트리플 스코어로 지곤 했다.

그 시기 젊은 PD들로 팀을 교체한 〈그것이 알고 싶다〉 제작진은 프로그램을 더 새롭게 만들어보자는 결의를 다졌다. 시간대는 심야 예능과의 경쟁을 피할 수 없고, 각종 해외 수사물과 추리물에 길들여진 젊은 시청자들의 눈높이는 더 세련된 프로그램을 원하고 있었다. 〈그것이 알고 싶다〉가 택한 길은 미스터리 콘셉트를 밀었던 초창기의 정신으로 돌아가되 영상은 더 세련되게 다듬는 길이었다. 더 이상 귀신이나 저주받은 집과 같은 오컬트적 소재를 다루진 않지만, 비리나 사건사고를 다루면서도 스토리텔링적 요소를 강화한 것이다.

다른 시사 프로그램들이 사건 자체를 직관적으로 다루는 방식으로 서두를 뗄 때, 〈그것이 알고 싶다〉는 추리소설이나 스릴러물이 그렇듯 사건의 주변부 일상에서 이야기를 시작해 불온한 균열로 변곡점을 그리는 과정을 속도감 있게 보여주는 것으로 서두를 뗐다. 진짜 하고 싶은 이야기를 들려주기 위해 가장 흥미로운 부분을 전진 배치함으로써 시청자들의 호기심을 자극해 TV 앞에 붙잡아두는 전략이었다. 정통 시사 프로그램이라면 쉽게 택하기 어려운 길이었을 테지만, 애초에 미스터리를 다루는 프로그램으로 출발한 〈그것이 알고 싶다〉였으니 딱히 피할 이유도 없었다.

장르물을 벤치마킹하는 과감한 시도가 외연을 넓혔다

화면 구성이나 미스터리 검증 방식도 철저하게 젊은 감각으로 재무장했다. 사건이 발생한 장소의 도면을 구해 고스란히 세트로 구현하고, 연극적인 재연이 일어나고 있는 한구석에서 관찰자 김상중이 걸어나와 화면 너머에 말을 건네는 식의 연출은 강력한 흡인력으로 시청자들을 사건 한가운데로 끌어당겼다. 필요하다면 직접 전문가들을 섭외해 실험도 해보고 범죄심리학자들에게 범죄자의 프로파일링을 의뢰하는 검증 방식은 설득력을 높였다. 전문성을 높여 신뢰도를 확보함과 동시에, 정통 시사 프로그램에선 좀처럼 쓰지 않는 세트와 장치들을 동원해 젊은 시청자들의 눈높이에 맞춘 것이다.

결과는 효과적이었다. 제작진이 직접 사건 현장과 동일한 조건을 만들고 실험을 해 자살이 불가능하다는 결론을 얻었던 '사각 맨홀에 갇힌 진실 - 오창 맨홀 변사 사건'(제749회, 2010년 3월 13일)은 아직도 〈그것이 알고 싶다〉 팬들 사이에선 회자되는 에피소드가 됐고, 영화 〈도그빌〉처럼 바닥에 도면을 그려 넣은 마을 세트를 만들어놓고 사건의 시간 순서대로 재연을 진행했던 '이백리 실종 미스터리 - 기억, 소문 그리고 거짓말'(제896회, 2013년 6월 1일)은 시청자들의 주목도가 극에 달했다.

물론 〈그것이 알고 싶다〉가 오늘날의 위치에 올 수 있었던 가장 큰 이유는 '진실된' 프로그램을 만들려는 제작진의 노력일 것이다. 〈PD수첩〉과 〈추적60분〉이라는 경쟁자들의 부진 또한 무시할 수 없는 요소다. 그러나 같은 시간대 예능과 경쟁하며 시청률 하락을 면치 못하던 프로그램이 방영 18년 만에 새삼스레 다시 대중의 주목을 받고 컬트적인 인기를 누릴 수 있었던 비결은, 기존 시사 프로그램에선 볼 수 없었던 과감한 시도를 두려워하지 않으며 '재미있는' 프로그램을 만들려는 노력이었다. 진실을 추구하는 과정은 때론 지리하고 자주 답답하다. 주말 밤에까지 암울한 이야기를 듣고 싶어 하지 않는 이들을 잡아 세우려면, 결국 진실된 이야기를 재미있게 들려주는 수밖에 없었다.

〈그것이 알고 싶다〉는 같은 장르의 선두 주자들을 벤치마킹의 대상으로 삼는 대신 각종 추리 수사물의 장르적 스토리텔링을 도입했고, 지금은 예능 프로그램 경쟁이 치열한 토요일 밤 11시에 시사 프로그램으로 동 시간대 1위를 차지하는 자리에 올랐다. '시사 프로그램은 이래야 한다'는 고정관념에 갇혀 있었다면 할 수 없었을 시도가, 결국 시사 프로그램의 외연을 넓힌 셈이다.

고정관념을 깨고 자신만의 문법을 창조하라

2009년 10월, 김제동은 5년 동안 지켜왔던 KBS 〈스타 골든벨〉 진행석에서 갑작스레 하차해야 했다. 비슷한 시기 MBC에서 파일럿으로 진행한 토크쇼 〈오 마이 텐트〉 또한 정규편성이 불발됐다. 사람들은 굳이 입을 열지 않아도 그가 TV에서 사라진 이유를 알 것 같았다. 김제동 자기 자신은 "방송 형식의 변화에 맞춰 진화해나갈 수 있는 적응력과 탄성을 보여주지 못"한 것 때문이었다고 설명했지만('[김혜리가 만난 사람] MC 김제동', 〈씨네21〉, 2010년 1월 18일), 대부분의 사람들은 그것 외에도 '정치적인 외압'이 작용했을 것이라 짐작했다. 2009년 5월 故 노무현 전 대통령 노제의 사회를 보고 5개월 만에 터진 일들이었으니까(청와대 민정수석실의 지시로 서울지방경찰청이 민간인 불법사찰을 진행했으며 사찰 대상자 명단에 김제동도 포함되어 있었음이 2012년 밝혀진 바 있다). 김제동의 흔적을 TV에서 찾아보는 건 갑작스레 어려운 일이 되어버렸다.

같은 해 12월 그는 토크 콘서트를 시작한다. 장소는 150석 규모의 자그마한 소극장. 무대와 객석 간의 거리가 너무도 좁아 서로가 서로의 얼굴에 묻은 티끌까지 확인할 수 있을 정도로 작은 공간이었다. 사람들은 석연치 않은 하차를 겪은 김제동이 새로운 활로를 찾으려 한다 여겼고, 그가 공연 포스터를 위해 지은 여러 가지 표정 중에서 하필이면 시무룩한 표정만 콕 집어 주목했다. 그러나 많은 이들의 우려와는 달리 김제동은 무대 위에서 더 편하게 이야기할 수 있었다. 그는 연예인이기 이전에 무대 위에서 행사를 진행하는 사회자였고, 본디 많은 관객들과 함께 즉흥적인 상황 속에서도 능란하게 대화를 나누는 재주로 유명했다. 그가 방송에서 주목받기 시작한 KBS 〈윤도현의 러브레터〉와 KBS 〈폭소클럽〉 모두 짜여진 대본 플레이에 의존하는 게 아니라 실시간으로 관객과 대화를 나누는 코너였음을 생각해본다면, 그는 오히려 자신이 가장 잘 아는 곳으로 돌아간 셈이다.

TV 문법으로 옮겨 쓰자 공연장의 활력이 사라졌다

훗날 김제동이 선보이게 될 JTBC 〈김제동의 톡투유 – 걱정 말아요 그대〉(이하 〈톡투유〉)의 특징 중 대부분은 거의 이때 정리됐다. 매 공연마다 한 가지 주제를 정해놓고 이에 대해 김제동과 관객들이 번갈아가며 마이크를 잡는 형식이나, 사전에 관객의 사연을 받아서 함께 대화를 나누고, 게스트를 초대해도 대화의 주제를 게스트의 삶이나 신곡 혹은 신작 드라마로 잡는 게 아니라 그 날의 주제에 국한해서 이야기하는 식의 공개 토크쇼. 그 날 대화의 주제에 대해 더 잘 이야기하기 위한 준비는 어느 정도 갖추되, 정해진 대본에 의존하지 않고 즉석에서 관객들의 이야기를 받아 대화의 흐름이 어디로 튈지 모르는 예측 불가함 등등. 이런 특징 때문에 김제동의 토크 콘서트는 정해진 시간보다 한 시간에서 심하면 두 시간까지 자주 오버되곤 했는데, 그럼에도 사람들은 김제동의 토크 콘서트를 매진시켰다. 일방적인 청취가 아니라 대화의 형식을 띤 그의 공연은 신선한 포맷이었고, 그 포맷의 생명력은 이후 매년 시즌을 이어오면서도 그치지 않는 매진 행렬로 입증됐다.

성공적인 포맷을 보면 TV에 차용하고 싶은 것이 TV 업계에서 일하는 이들의 생리다. 당연히 김제동의 토크 콘서트 또한 몇 차례 TV로의 이식이 시도됐는데, 그럴 때마다 조금씩 핀트가 맞지 않았다. 기존 TV 토크쇼의 관습은 모셔온 게스트에게 대화의 초점을 맞추는 구조인데, 김제동의 토크 콘서트 포맷은 그 대화의 초점이 끊임없이 게스트로부터 MC에게, MC로부터 관객에게, 이 관객에서부터 저 관객에게로 옮겨가는 구조였다. 방송사의 입장에선 치열한 섭외 경쟁과 비싼 출연료를 감수하고 기껏 게스트를 모셔와 놓고는 그를 수많은 화자 중 한 명 정도로 취급한다는 건 쉽사리 납득하기 어려운 구조였으리라. 2010년 Mnet에서 파일럿 촬영을 하며 그 실황을 공개했던(그러나 끝내 편성이 불발된) 〈김제동쇼〉는 관객보다는 초대 손님 비에게 보다 더 많은 초점을 맞춘 형식을 취했고, 2015년 김제동과 499명의 관객들이 MC 역할을 한다는 콘셉트로 그 포맷을 변경한 SBS〈힐링캠프〉또한 결국 초대된 게스트의 이야기에 귀를 기울이는 구조를 피할 수 없었다. 포맷이 온전히 옮겨오지 못하고 관객에게 마이크 배분의 기회를 더 준다는 외피를 가져오는 것에 그치자, 김제동의 토크 콘서트 특유의 활력 또한 화면에서 사라졌다.

'토크쇼는 이래야 한다'는 관성을 넘어서

〈톡투유〉가 나름의 영역을 확보하면서 방송 1주년을 넘길 수 있었던 것은 이와 같은 TV 토크쇼의 관성을 깼기 때문이다. 〈톡투유〉는 위에서 이야기한 김제동의 토크 콘서트들의 특징을 모두 공유하는 동시에, 일반인 관객들만 있을 때 자칫 템포가 처질 수 있는 점을 보완하기 위해 주제를 더 심도 있게 이야기하는 것을 도와줄 전문가 패널들을 배치하는 것으로 타협을 봤다. 여타의 TV 토크쇼와는 달리 초대 손님은 방송 20분 지점을 통과한 이후에야 소개되고, 그 이후에도 특별히 대화의 주빈으로 대접받는 게 아니라 대화의 참여자 중 한 명으로만 대접받는다. 익숙한 TV 토크쇼의 관성을 깨고 흡사 토크 콘서트 실황 녹화 중계와 같은 형식을 취하면서, 〈톡투유〉는 여타 프로그램들이 실패한 김제동 토크 콘서트를 TV에 이식하는 데 성공할 수 있었다. 비슷한 시기 흡사한 포맷으로 개편했던 〈힐링캠프〉가 폐지되는 동안 〈톡투유〉가 그 수명을 연장할 수 있었던 건 비단 〈톡투유〉가 해당 포맷의 선발 주자였기 때문만은 아니다. TV가 자신에게 익숙한 연예인 중심의 토크쇼 포맷의 영역을 넘어, 관객이 주인공이 되는 토크 콘서트 포맷을 고스란히 이식한 것이 〈톡투유〉 성공의 핵심이다.

"한계를 넘으라"라는 말은 종종 기존의 영역에서 보다 훌륭한 결과를 낳으라는 의미로만 해석되곤 한다. 그 때문에 수많은 이들이 보다 더 자극적인 요소를 첨가하거나 인력과 시간을 쥐어짜내 경쟁의 치열함을 높이는 방식으로 한계를 넘으려 든다. 하지만 때로 그 말은 다른 방식으로 음미되어야 한다. '이것은 우리 영역, 우리 방식이 아니다'라는 생각에 갇혀서 뻔히 보이는 가능성을 놓치고 있는 건 아닌가? 김제동의 토크 콘서트 포맷이 그 원형을 완성한 것은 이미 7년 전의 일이었다. 그것을 고스란히 TV에 옮기는 것만으로도 나름의 영역을 구축해낸 〈톡투유〉의 사례는 우리에게 무엇을 이야기하는가?

금기를 뛰어넘고,
기존의 틀을 깨는 신선한 일탈

TV를 잘 안 보는 사람들은 쉽게 말한다. "그거 맨날 비슷비슷한 애들이 나와서 똑같은 이야기나 하는 걸 뭐 재미있다고 보고 앉아 있느냐"라고. 영 틀린 이야기는 아니다. TV가 보급된 이후 지난 수십 년간 TV는 가장 저렴하고 친근한 대중오락이었다. 가장 많은 이들이 보는 만큼 가장 보수적이고 안전한 매체였으니, 보기에 따라 비슷비슷한 이들이 엇비슷한 이야기를 하는 매체처럼 보이는 것도 무리는 아니다.

하지만 어느 집단에서든 암묵적으로 정해진 금기를 깨고 나와 훌쩍 도약하는 이들이 있다. 모두가 연극식 발성을 고수할 때 처음으로 생활형 연기를 해서 한국 성우 연기의 트렌드를 바꿨던 배한성이나, 슬랩스틱과 만담이 시대의 주류이던 시절 멀뚱한 얼굴을 하고 나와 몇 번이고 곱씹어봐야 이해가 가는 농담을 던지던 전유성과 같은 이들. 이들이 금기를 훌쩍 뛰어넘어버리는 순간마다, TV가 포용할 수 있는 이야기의 영토도 그만큼 넓어졌다. 처음엔 일탈로 치부되었을 행동들이 반복되면서 '그럴 수도 있는 것'의 영역으로 편입되니 말이다. 앞서 살펴본 사례들이 프로그램 형식의 외연을 넓혔다면, 지금부터 살펴볼 몇 명의 연예인들은 금기시되던 일들을 저지르는 것을 통해 '정상성'의 외연을 넓힌 이들이다.

유병재, 화장 없는 비굴함이 청춘의 민낯이 되다

유병재가 처음 Mnet 〈유세윤의 아트비디오〉를 통해 TV 화면에 얼굴을 비췄을 때에도 그랬다. 억울해 보이는 표정으로 끝없이 유세윤에게 착취당하는 청년 '병재'로 출연한 그의 모습은 진짜인지 연기인지 구분이 어려웠다. 주눅 들어 구부정한 어깨, 비굴해 보이는 표정, 뺨을 맞거나 물세례를 당할 때 얼굴 위에 스치는 깊은 그늘은 연기라고 보기엔 너무 절절했다. 그런 그가 시대의 청춘을 대표하는 얼굴이 되리라 예상한 이는 많지 않았다.

그러나 그가 tvN 〈새터데이 나이트 라이브 코리아〉에 작가 겸 배우로 합류하며 TV가 청춘을 다루는 게임의 룰이 바뀌기 시작했다. '극한직업 매니저 편' 시리즈에서 유병재는 안하무인의 스타들을 돌보는 매니저로 등장해 각양각색의 착취 양상을 선보였다. 밴에서 내리는 스타를 위해 엎드려 인간 발판이 되어주는 것은 물론, 녹차를 찾는 스타를 위해 전남 보성까지 다녀오고, 새벽까지 일하고도 택시비랍시고 천 원짜리 몇 장을 받으며 굽실거려야 하는 유병재의 모습은 동년배 시청자의 공감을 자아냈다. '맞아. 우리가 딱

저런 대우를 당하지.'

TV에 나오기엔 지나치게 찌질해 보이던 그의 얼굴은, 그가 더 노골적인 묘사를 하면 할수록 더 많은 환호를 받았다. 정리해고를 당하는 와중에 상사로부터 "아프니까 청춘 아닌가"란 말을 듣자 "아프면 환자지, 무슨 청춘이냐"라며 욕설을 퍼붓는 콩트의 한 대목은 인터넷에서 반복해서 재생이 됐고, 뒤에선 오열하지만 앞에선 웃으며 수난을 견뎌내는 유병재의 얼굴은 우리 시대 청춘의 얼굴로 자리 잡았다. 비굴하고 찌질한 표정으로 상대를 안심케 한 사이 스윽 옆에 다가와, 어느 순간 자신과 제 세대가 당한 수모와 착취를 토로하는 전략. 덕분에 유병재는 모든 코미디언들이 그간 못하던 정치풍자를 갑작스레 시도했던 2016년 말 가장 날카로운 농담들을 던질 수 있었다. "연예인은 정치적이어선 안 된다"라는 주위의 지적에 반성했다며 정치적인 농담은 더는 하지 않겠다는 비굴한 선언으로 청중을 안심시킨 뒤, 허를 찌르는 정치풍자로 방심한 좌중을 뒤집어 놓았으니까.

김숙, 남자 없이도 잘 사는 40대 비혼 여성이 가부장제를 거울에 비추어 비웃다

유병재가 청춘의 우울함을 담아냈다면, 김숙은 40대 비혼 여성의 얼굴을 가장 솔직하지만 적나라하게 드러내며 환호를 얻었다. 모두가 그에게 결혼은 언제 할 거냐고 물어보며 잔소리를 하는 와

중에도 김숙은 주눅 들거나 비혼임을 부끄럽게 생각하지 않는다. 그는 여자는 조신하거나 아름답거나 둘 다를 갖춰야 한다는 암묵적 관념을 뛰어넘고, 여성의 비혼에 대해 간섭하는 세상의 오지랖을 거부한다. 그는 원래도 "남자는 배신해도 목공은 배신하지 않는다"라며 목공을 배우고, 자신의 자산관리에 대해 숨기지 않았던 캐릭터다.

그런 그가 JTBC 〈님과 함께2 - 최고의 사랑〉에서 보여준 윤정수와의 가상 결혼생활은 모두의 기대를 실망시키지 않는 것이었다. 윤정수가 무거운 물건을 들려고 하면 "어허, 남자는 그런 거 하는 거 아니"라며 자기가 물건을 옮기고, 계산대 앞에서도 "어디 남자가 이런 데 돈을 쓰"느냐며 자기 지갑을 연다. 이는 한국 사회가 여성들에게 강요해왔던 조신함이나 연약함, 경제 권력에서의 열위를 거울상으로 비춰 보여주며, 이런 강요가 얼마나 우스꽝스러운 것인가를 폭로해 주위를 환기하는 역할놀이인 것이다.

〈최고의 사랑〉의 '가모장' 콘셉트가 일종의 미러링 전략이었던 반면, KBS 〈언니들의 슬램덩크〉에서 김숙은 남자 없이도 잘 사는 주체적인 여성의 모습을 있는 그대로 보여줬다. 시즌 1의 첫 미션, 김숙은 남자들도 따기 힘든 대형면허를 욕망하고 우여곡절 끝에 마침내 면허를 따는 데 성공한다. 그러고는 시즌 1의 마지막 미션인 '집짓기' 미션에서 그는 직접 트럭을 몰고 가 대형 목재를 떼어 오고, 전문가 수준의 목공 실력으로 목재를 재단하고 가공해 테이블을 만들었다. 중요한 건 이 욕망들이 남성들과 동등한 대우를 받기 위해 억지로 외삽된 '명예 남성의 욕망'이 아니라, 그냥 여성인 채로도 꿈꿀 수 있는 욕망이란 점을 분명히 했다는 점이다. 툭하면 남자 동료들로부터 "결혼은 언제 할 거냐"라는 오지랖을 당하면서도, 그가 많은 여성들에게 워너비가 된 이유가 여기에 있다.

박나래와 광희, 여성과 아이돌에게 강요되던
암묵적인 행동규율들을 깨부수다

일찌감치 선배들로부터 '돌아이'라는 칭호를 얻었던 김숙의 뒤를 바짝 쫓은 것은 박나래다. 신인 시절부터 외모로 승부하는 코미디를 선보여왔던 그는 2015년 극단적인 남장 쇼와 심의를 개의치 않는 언어 생활로 대중의 지지를 샀다. 미디어 속 여자들의 남장이 기존의 여성미를 심하게 해치지 않는 선에서 이루어지며 은연중에 '미숙'한 여자가 '완성된 사람'인 남자 흉내를 내는 것을 '귀엽게' 바라보는 남성 본위의 권력구조를 강화했다면, 박나래의 남장은 그 차원과 파급효과가 다르다.

몇 시간에 걸쳐 라텍스 분장을 해 마동석이나 김구라, 송해처럼 육체적 능력이나 사회에서의 위계가 우월한 이들을 복사 수준으로 똑같이 흉내 내는 그의 전략은 남성과 여성, 키가 큰 사람과 키가 작은 사람, 사회가 추구하는 이상적인 외모와 그렇지 않은 외모 사이의 권력관계를 단숨에 부숴버린다. 박나래의 언어 생활도 충격적이긴 매한가지다. 그의 말들은 한국 여성 연예인들에게 권장되어왔던 행동규율들을 죄다 벗어난다. 섹스 어필을 하되 주도권은 남자에게 줄 것이며, 예뻐 보이되 의술을 빌렸단 사실은 은폐하고, 언제든 남자의 욕구에 잘 응해줄 준비가 되어있을 것이나 평소엔 조신하라는 것은 암묵적인 합의 같은 것이었다. 그러나 박나래는 기회가 있을 때마다 야한 얘기나 성형수술 이야기, 화려한 술버릇 무용담과 욕설을 서슴지 않고 내뱉는다.

말하면 안 되는 것으로 치부되던 것들을 노골적으로 말함으로써 금기를 깬 연예인을 언급하며 광희를 빼면 그가 무척 서운해할 것이다. 지금에야 '걔는 원래 그런 애니까'라는 공감대가 형성된 듯하지만, 처음 그가 성형 전과 성형 후 사진을 공개하며 "족히 1년은 병원 침대에 누워 있었다"라고 독한 멘트를 던질 때의 충격파는 결코 작은 게 아니었다. 그는 자신이 노래를 못한다는 사실이나, 스타가 되고 싶어서 대대적인 성형수술을 했다는 사실, 자신이 지금 봐줄 만한 외모를 가지고 있으니 사람들이 과거 사진을 보면서도 "저때도 괜찮았는데요" 따위의 입에 발린 말을 해주는 것이지 예전 외모 그대로였다면 누가 말이나 그렇게 해줬겠느냐는 불편한 진실을 쉴 새 없이 속사포로 쏘아댔다.

아이돌 산업을 둘러싼 공공연한 비밀들을 아무렇지 않게 입 밖으로 꺼냄으로써, 그는 연예인들을 손가락질하면서도 동시에 동경하는 시청자들의 허위를 드러냈다. 그를 필두로 자신의 성형 사실이나 신체적 단점을 편하게 오픈하는 아이돌 가수들이 점차 늘어났고, 성형수술을 한 연예인들도 응당 받아야 할 존중을 받을 수 있는 분위기가 형성됐다. 처음엔 별난 아이의 생존용 일탈로 보였던 것들이 이젠 당연히 공개하고 시작하는 패가 된 셈이다.

신해철, 연예인들에게 금지된 모든 것들에
질문을 던지고 한계를 넘어서다

이렇게 방송이 말하지 않던 것들을 소리 높여 말하며 반복된 일탈로 정상성의 영토를 넓혀왔던 이 중, 전 사회적인 이슈가 터질 때마다 반복해서 회고되는 이름인 故 신해철을 언급하지 않을 수 없다. 그는 아이돌 가수에게 인형이 되길 강요하던 음악 시장에서 작가주의적 행보를 걸으며 그 고정관념을 부쉈고, 성인들의 건강한 성생활에 대한 언급을 꺼리는 방송의 엄숙주의를 비웃었으며, '딴따라'는 정치 사회 이야기를 해선 안 된다는 식의 암묵적 동의에 맞서 공개적으로 노무현 당시 대선후보 지지를 선언했고, 수차례 MBC 〈100분 토론〉에 나와 자기주장을 높였으며 필요하다면 1인 시위도 피하지 않았다. 그가 앞장서서 이야기해왔던 것들은 오늘날이 되어서야 JTBC 〈마녀사냥〉이나 〈썰전〉, 방송인들의 사회참여 등을 통해 시대의 상식으로 천천히 자리 잡고 있다. 그의 일탈이 우리 시대의 모습을 얼마쯤은 바꾼 셈이다. 모두가 '예'라고 말할 때 혼자 '아니오'라고 말하길 두려워하지 않았던 문제아. 때론 강요된 정상성의 틀을 넘어서 사고하는 이들이 이렇게 시대의 폭을 한 뼘 벌리기도 한다.

3

같은 전법으로 두 번 이길 순 없다

구기 종목을 처음 하는 사람들이 흔히 겪는 시행착오 중 하나는, 어제 공을 때린 감각 그대로 오늘 공을 때리면 어제처럼 좋은 결과가 날 거라 믿는 것이다. 그럴 리가 있나. 어제와 오늘의 바람의 방향과 세기가 다르고, 경기장의 잔디 상태가 다르고, 내 컨디션이 다르고, 함께 플레이하는 상대가 다르다. 달라진 환경에 따라 세밀하게 공을 때리는 방향과 세기를 조절해야 하는 것은 당연한 일인데, 꼭 어제 공이 잘 나갔으니 오늘도 그렇게 치면 될 거라 믿고 똑같이 때려놓고서는 이런 이야기를 하는 사람들이 있다. "바람 방향이 달라서 그래. 어제는 잘 나갔거든." 그걸 말이라고. 환경이 바뀌는 건 당연한 일인데 말이다.

과거의 성공 사례를 분석해 앞으로의 전략을 세우는 일은 매우 중요하다. 이 책이 하고 있는 일도 그런 것이다. 그러나 과거의 사례로부터 배우자는 이야기를 '예전에 이런 게 먹혔으니까, 이번에도 통할 것이다'라는 식으로 안이하게 접근해도 된다는 뜻으로 잘못 읽으면 매우 곤란하다. 그 어떠한 전략도 똑같이 반복하기만 해서는 성공을 거둘 수 없기 때문이다. 하물며 어제오늘의 바람도 달리 부는데, 몇 년의 시차를 두고 같은 전략을 수정 없이 꺼내들어 놓고선 실패를 예상 못했다고 이야기하는 건 도둑놈 심보 아닌가.

'모두가 뻔히 알고 있는 이야기인데'라고 생각하고 말 일이 아니다. 이번 챕터에서 우리가 함께 살펴볼 사례는 두 가지다. 하나는 시대의 변화를 잘 읽어내 과거의 전통적인 문법을 성공적으로 변주해낸 프로그램의 예인 SBS 〈짝〉이고, 나머지 하나는 그 '뻔한' 걸 알고 있었으면서도 시대의 변화를 읽어내지 못한 채 예전 자신이 세워둔 문법을 답습한 탓에 실패를 경험해야 했던 프로그램의 예인 MBC 〈일요일 일요일 밤에〉다. 물론 오늘날의 〈일밤〉이 아니라, 2009년 '우리 아버지'와 '단비', '헌터스' 등의 공익 예능 프로그램들을 론칭하던 시기의 이야기다. 산전수전 다 겪은 공익 예능의 아버지 김영희가 겪었던 뼈저린 실패로부터, 환경에 따라 전략을 수정·보완하는 것의 중요성을 상기해보자.

MBC <사랑의 스튜디오>와
SBS <짝>의 성공비결

여기 두 개의 프로그램이 있다. 두 프로그램은 연애나 결혼 상대를 찾는 복수의 여성과 복수의 남성을 한곳에 모아두고 커플을 매칭하는 것을 목표로 삼는다. 출연자들은 대부분 방송 경험이 없는 일반인들로 구성되어 있지만, 동시에 대부분 학벌이 좋거나 탄탄한 직장을 가지고 있다. 이들은 각자의 매력을 자랑하는 시간을 가진 뒤 첫인상으로 1차 커플을 정하고, 재차 매력을 더 심층적으로 뽐내고 속마음을 확인하는 과정을 거쳐 최종적으로 커플이 탄생하는지를 살펴본다. 쌍둥이처럼 닮은 구조를 지닌 두 프로그램. 얼핏 생각하면 잘나가는 프로그램과 그를 벤치마킹한 동시대 유사 프로그램처럼 보일 수도 있겠지만, 이 두 프로그램 사이에는 최소 10년의 시차와 장르적 차이가 존재한다. 하나는 1995년부터 2001년까지 MBC에서 방영된 스튜디오 예능 <사랑의 스튜디오>이고, 나머지 하나는 2011년부터 2014년까지 SBS에서 방영된 관찰 예능 <짝>이다.

　물론 <사랑의 스튜디오>의 대성공 이후 TV는 수많은 연애 버라이어티를 선보였다. 만천하에 자신의 얼굴과 이름, 학벌과 수입, 심지어는 장기자랑까지 공개하는 걸 감수해가며 제 짝을 찾고 싶은 이들의 간절한 몸부림만큼 직관적이고도 보편적인 엔터테인먼트는 흔치 않았고, 때문에 TV는 시대의 변화에 발맞춰 조금씩 다른 형식으로 재해석하며 연애 버라이어티를 지속해왔다.

한 일반인 여성이 남희석, 이휘재와 번갈아가며 데이트를 하고 둘 중 승자를 가리는 것을 핵심으로 내세운 SBS 〈남희석 이휘재의 멋진 만남〉(1999~2000), 중간중간 한 명씩 탈락자를 떨구는 서바이벌 형식을 가미한 KBS 〈자유선언 오늘은 토요일〉(1998~2001) '서바이벌 미팅', 젊은 세대의 연애에 부모를 끼워넣어 허락을 맡는 형식을 도입한 KBS 〈이경규 심현섭의 행복남녀〉(2000), 일반인 여성 출연자와 연예인 남성 출연자의 데이트를 주선한 MBC 〈목표달성 토요일〉 '애정만세'(2001) …. 그러나 다 언급하기 벅찰 정도로 방대한 변주의 목록 중에서도 〈짝〉이 지니는 위치는 다소 특별하다. 앞서 언급한 프로그램들의 변주를 훌쩍 뛰어넘는 가장 영악한 변주를 보여준 프로그램이기 때문이다.

〈사랑의 스튜디오〉가 정립한 문법에 살을 붙였던 2000년대,
정반대 방향으로 달려간 〈짝〉

연애 버라이어티를 기획할 때 모든 제작진이 고민하는 것은 결국 '어떻게 하면 〈사랑의 스튜디오〉가 정립한 문법을 당대에 맞는

형태로 재가공할 수 있을까'다. 2000년대에는 결혼을 전제로 교제할 상대를 찾던 〈사랑의 스튜디오〉의 목표가 가지는 무게감을 덜어내고, 선남선녀를 한자리에 모아 생기는 달콤한 화학작용만을 취하는 방향으로 재가공이 이루어졌다. 아무도 '커플 탄생'이란 말을 정말 저 둘이 결혼할 것이라는 가정으로 받아들이지 않았다.

일반인들의 절박함보다는 연예인들의 끼와 재능을 전시하는 쪽이 쇼의 화려함을 위해 도움이 된다고 생각했던 이들은 출연진을 죄다 연예인으로 바꾸는 쪽을 택하기도 했고(2002년 MBC 〈목표달성 토요일〉 '강호동의 천생연분'), 어차피 실제 결혼이 목적이 아니라면 '데이트가 주는 달콤함'이라는 환상을 '깨가 쏟아지는 신혼'이라는 지점까지 확장해보자고 생각한 이들은 '가상 결혼'을 도입하는 방향(2008년 MBC 〈우리 결혼했어요〉)으로 나아가기도 했다. 화면 위에 보이는 것은 어차피 '유사 연애'와 '유사 결혼'의 판타지라는 점을 선명하게 드러낸 방향이었다.

〈짝〉은 오히려 그 반대 방향으로 달려갔다. 여타 다른 연애 버라이어티가 더 많은 외부적 요소, 예컨대 스테이지별 서바이벌, 연예인 출연자 등을 도입했다면, 〈짝〉은 핵심적인 요소만 남겨놓고 나머지는 극단적으로 소거했다. 본명 대신 '여자 1호' '남자 3호' 등의 호칭으로 불리게 되는 참가자들은 의상마저도 제작진이 지정해준 의상을 입음으로써 개인의 개성이나 외부적인 특징을 지우고 '애정촌'이라고 이름 지어진 숙소에서 일정 기간 함께 시간을 보내며 오로지 결혼을 전제로 한 '짝찾기'에만 몰두해야 한다. 자연스레 낭만적이고 화려한 데이트 코스를 소개한다거나, 화려한 편집과 CG로 시각적인 즐거움을 추구하는 식의 부수적인 요소는 죄다 사라졌다. 이름이 사라지니 자연스레 직업이나 수입, 학벌 등의 요소들이 더 도드라졌고, 각자가 의상으로 개개인의 신체적 단점을 극복할 기회도 사라지니 외려 신체적 특징이 더 노골적으로 드러났다.

'애정촌의 존재 목적은 결혼을 하고 싶은 짝을 찾는 데에 있다'라거나, '데이트는 애정촌 안에서만 할 수 있다. 단, 제작진의 동의를 구한 경우, 외부에서 특별한 데이트를 할 수 있다' '여자와 남자는 자신을 선택한 상대방을 철저하게 검증할 권리와 의무가 있다' 같은 애정촌 행동강령은 쇼가 노리는 지점을 노골적으로 보여준다. 〈짝〉은 유사 연애의 달콤함을 보여주는 대신, 한국인은 결혼할 상대를 찾을 때 무엇을 중요하게 여기는지를 관찰하는 데 쇼의 모든 자원을 투자한다. 2000년대를 지나오며 희미해졌던 결혼이라는 목표 의식은 다시 전면에 부각됐고, 즐거운 눈요기로 도배가 되었던 과거의 연애 버라이어티와는 달리 〈사랑의 스튜디오〉가 그랬듯 어딘가 어설프고 뻣뻣한 일반인들의 서툰 몸짓이 화면을 채웠다. 두 작품의 온도 차이는 상당한 편이지만, 쇼의 뼈대만 놓고 보면 〈사랑의 스튜디오〉의 문법을 가장 곧이곧대로 계승한 프로그램은 〈짝〉이었던 셈이다.

관찰 예능과 리얼리티 쇼의 시대,
노골적으로 심리를 들여다보는 쪽에 승부를 걸었다.

물론 〈짝〉이라고 승부수를 걸지 않은 것은 아니다. 참가자 성비를 남녀 동수로 맞췄던 〈사랑의 스튜디오〉나, 1 대 7, 1 대 8 등의 성비를 통해 게임적 요소가 더 강하다는 사실을 숨기지 않았던 SBS 〈실제상황 토요일〉 '리얼로망스 연애편지' 1기(2004)와는 달리, 〈짝〉의 성비는 애매하게 현실적이다. 남자 일곱 명에 여자 다섯 명, 혹은 남자 다섯 명에 여자 세 명 정도로 갈리는 〈짝〉의 성비는 결혼 적령기 남녀의 실제 성비를 묘하게 반영한 것이었다. 최후의 승자 한 명이 여성을 차지하는 식의 게임 쇼도 아니고, 운이 좋으면 모두가 커플을 이뤄 끝날 수 있는 남녀 동수의 쇼도 아닌 구조, 이는 참가자들로 하여금 쇼에 참가하는 긴장감을 바짝 높이게 만들었다.

또한 기본적으로 임성훈의 리드를 따라가는 스튜디오 예능이었던 〈사랑의 스튜디오〉와는 달리, 관찰 다큐멘터리의 형식을 차용한 〈짝〉은 참가자들 사이의 신경전이나 노골적인 속마음 등이 방송에 잔인하리만치 생생하게 중계됐다. 〈사랑의 스튜디오〉의 목표가 '결혼 적령기의 청춘남녀에게 결혼을 전제로 만남을 가질 상대를 고를 기회를 제공하자'였다면, 〈짝〉의 목표는 '결혼 적령기의 청춘남녀가 결혼을 전제로 만남을 가질 때 과연 무엇을 중점적으로 따지는지를 관찰하자'이기에 가능한 일이었다. 애정촌 강령의 제일 마지막 강령이 괜히 '애정촌의 생활은 모두 촬영되며, 그 과정에서 일어나는 모든 일들은 가감 없이 방송한다'인 것이 아니었다.

〈짝〉이 좋은 프로그램이었다고 이야기하려는 것은 아니다. 〈짝〉은 툭하면 과도하게 왜곡된 편집이 이루어진다는 의혹과 항의에 시달렸고, 쇼의 방향을 결혼에 정조준한 결과 사람들이 온통 재력이나 학력, 외모 등의 '스펙'에 좌우지되는 속물적인 서열구조를 정당화했다는 비판을 피하기 힘들었다. 참가자들의 속마음은 잔인할 정도로 낱낱이 훑어 내리며 자신들이 원하는 부분을 잘라서 보여주던 제작진은, 외부로부터의 비판이나 농담에는 정색을 하고 대응했다.

방송이 막을 내리게 된 것 또한 방송 촬영의 스트레스를 호소하던 한 여성 참가자가 촬영장에서 자살하는 극단적인 사고 때문이었는데, 방영 기간 내내 방송윤리와 관련해 크고 작은 구설에 시달리던 프로그램의 이력을 생각하면 예견된 비극이었다고 평하는 이들도 있었다. 다만 이러한 쇼의 폐단에도 불구하고 〈짝〉이 오랜 시간 환상을 부각시키고 쇼에 화려함을 더하는 방향으로 흘러온 연애 버라이어티의 문법을 관찰 예능과 리얼리티 쇼의 시대에 맞춰 획기적으로 변화시켰다는 점은 결코 간과해선 안 된다. 당대의 지형과 시대적 트렌드에 맞춰 전략을 새로 수정하는 건 필수적인 일이며, 이 뻔해 보이는 일을 제대로 하지 못한 채 옛 전략을 답습하는 것은 실패로 가는 지름길이기 때문이다. 다음은 그 뻔한 일을 해내지 못해 처참한 실패를 거둔 사례다.

시대에 맞는 전략은 따로 있다

1996년, MBC 〈일요일 일요일 밤에〉(이하 〈일밤〉)가 처한 상황은 그리 좋지 않았다. MBC와 처우 문제로 이견을 빚다가 KBS로 이적한 이영자가 절치부심 끝에 선보인 KBS 〈슈퍼선데이〉 '금촌댁네 사람들' 때문이었다. 금촌리 마을을 무대로 농촌 서민들의 삶과 애환을 다룬 시트콤 '금촌댁네 사람들'은 시청률 40%를 넘나들며 단숨에 동시간대 압도적인 1위를 차지했다.

불과 몇 년 전만 해도 '시네마 천국' '영자의 방' '몰래카메라' '이휘재의 인생극장' '이홍렬의 한다면 한다' 등의 코너들로 무장한 채 일요일 저녁 예능의 절대강자로 군림하던 〈일밤〉이었는데, 정신 차리고 보니 '금촌댁네 사람들'에 밀려 시청률이 2%대까지 떨어진 것이었다. 케이블 채널과 종편 채널이 지상파와 대등한 경쟁을 벌이는 본격적인 다채널 시대인 요즘 기준으로도 2%는 처참하기 그지없는 시청률인데, 종편도 없었거니와 송출 시작 1년을 갓 넘긴 케이블 채널이 감히 지상파의 상대가 되지 못하던 1996년 기준으로 2%

는 그야말로 폐지되어도 이상할 게 없는 시청률이었다. 벼랑 끝에 몰린 〈일밤〉은 그야말로 뭐든 해봐야 하는 상황에 처해 있었다.

위기에 처한 〈일밤〉을 재건할 중책을 맡은 연출자는 〈일밤〉 '몰래카메라'와 〈신 웃으면 복이 와요〉 '도루묵 여사'로 젊은 감각을 인정받았던 입사 10년차 예능국 PD 김영희였다. 하지만 아무리 젊은 감각을 인정받고 있었어도 그렇지, 대체 무슨 수로 시청률 2%짜리 프로그램을 가지고 시청률 40%짜리 프로그램을 상대한단 말인가. 김영희는 동갑내기 코미디언 이경규와 의기투합해 '이경규가 간다'라는 코너를 시작해봤지만, 유명 인사들을 기습 방문해 진솔한 인터뷰를 담아낸다는 당시의 콘셉트로는 한계가 있었다. 해당 회차에 출연하는 명사에 따라 시청률이 달라지는 걸 피할 순 없었던 것이다.

김대중 당시 새정치국민회의 총재 집 앞에서 약속도 없이 무작정 진을 치고 있다가 기습해 인터뷰를 따내는 식의 막무가내 도박이 주는 깜짝 재미도 한두 번이지, 서사 구조를 가지고 꾸준히 시청자들을 사로잡던 '금촌댁네 사람들'을 이기기엔 역부족이었다. 10월쯤 되자 '금촌댁네 사람들'을 이끌던 이영자가 다시 SBS로 이적한다는 소식이 들려왔지만, 그거는 그거고 〈일밤〉은 〈일밤〉이었다. 뭐가 어찌 되었든 〈일밤〉 자체의 무기가 있지 않고서야, 상대 프로그램의 에이스가 다른 방송국으로 이적한다는 소식에만 기대서 부활을 꿈꾸기는 어려웠다.

무작정 신호를 지키는 차를 기다려봤더니

그게 '공익 예능'으로 가는 첫 단추가 됐던 1996년

오랜 시간 머리를 맞대고 고민을 해봐도 승부수를 띄울 만한 기획안은 나오지 않았다. 다 예전에 있던 포맷을 조금 다듬은 것에 불과한 기획안 같았다. 개편을 열흘가량 앞둔 시점까지 답을 찾지 못한 김영희는, 갑자기 전에 없던 이상한 기획안을 들고 와 작가들의 반대를 물리치고 관철시킨다. 길을 건너는 사람도 보는 사람도 없는 한밤중의 횡단보도, 과연 빨간 불에 정지선 앞에 멈춰 설 사람이 있을까 찾아서 상을 주자는 기획안이었다.

대체 이걸 누가 봐요. 화면은 까맣지, 이렇다 할 유명 스타가 나오는 것도 아니지, 무슨 재미가 있다고 이걸 보겠어요? 작가들의 반대에 김영희는 이렇게 이야기한다. "내가 신호를 지켜봤더니 기분이 좋아지더라. 마찬가지로 보면 기분이 좋아지는 프로그램일 테니, 시청률이 잘 안 나와도 그 자체로 방송가치가 있는 프로그램이다." 김영희의 확신만 믿고 아무 대책도 없이 여의도에 불려 나온 이경규는 시종일관 "아, 차가 옵니다! 옵니다! 서나요? 서나요? 아, 지나갑니다! 안타깝습니다!"만 반복하다가 화딱지가 치밀어 오른 나머지 새벽 3시경엔 PD 몰래 민용태 교수와 함께 클로징 멘트를 녹화하는 지경에 이른다. 그러나 김영희는 "날이 밝을 때까지 하고, 오늘 안 나타나면 내일 또 한다"는 폭탄선언으로 응수했다.

다행히 새벽 4시 13분, 마침내 소형차 한 대가 정지선 앞에 섰다.

신호가 바뀔 때까지 정지선에 서 있던 소형차의 차주는 공교롭게도 뇌성마비 장애인이었고, 방송을 본 이들은 '몸이 불편한 사람이 장애인이 아니라 교통질서 감각이 마비된 우리가 장애인'이라는 식의 이야기를 나눴다. 지금 보면 턱도 없이 시혜적이고 무례하기 짝이 없는 비장애인 중심적인 시선이지만, 그때만 해도 그런 식의 이야기가 아무 문제의식 없이 신문 사설로 실리곤 하던 시절이었다. 덕분에 개편한 '이경규가 간다'는 각종 언론에 대서특필되었고, 한국 방송 역사상 전무후무하게 그다음 주 본 방송 시간에 고스란히 지난주 방송을 다시 송출해주는 진기록을 세웠다. 형식도 방송 목적도 전에 없던 이 새로운 형식의 예능에는 곧 그럴싸한 이름이 붙었다. '공익 버라이어티.' 1990년대와 2000년대 초 MBC 예능을 이끌었던 '공익 예능'이 시작하는 순간이었다. 이후 김영희가 만들거나 관여한 프로그램들, '양심냉장고'와 〈21세기 위원회〉, 〈칭찬합시다〉, 〈느낌표〉 등의 일련의 공익 예능은 모두 그 가을밤 여의도에서 시작됐다.

다시 〈일밤〉의 구원투수가 된 김영희,
새로운 기적에 도전하다

시계를 돌려 2009년, 이번에도 〈일밤〉의 상황은 썩 좋지 않았다. 시청률이 잘 나오던 코너 '세바퀴'를 독립 편성해 내보낸 자리에 야심 차게 넣어본 리얼 버라이어티 코너 'MC 생태보고서 대망'은 시작한지 4주 만에 '크게 망했다'는 평을 들으며 막을 내렸고, 급하게 그 자리를 메우려 도입한 '퀴즈프린스' 또한 KBS〈일요일은 즐거워〉 'MC 대격돌 위험한 초대'(2002~2003)의 답습이란 비판을 받으며 두 달을 채 버티지 못하고 간판을 내려야 했다. 그 이후에도 '소녀시대의 공포영화제작소' '소녀시대의 힘내라 힘' '좋은몸 나쁜몸 이상한 몸' '오빠밴드' '노다지' 등 몇 개의 코너를 더 선보였고, 모두 얼마 버티거나 유의미한 시청률을 기록하지 못한 채 간판을 내렸다.

지난주에 본 코너를 이번 주에 계속 볼 수 있는지도 알 수 없고, 이번 주에 1부에 편성됐던 코너가 다음 주엔 갑자기 2부에 편성되는 아슬아슬한 코너 운영. 물론 가망이 없어 보이는 코너를 빨리 정리하는 게 나쁜 일은 아니다. 하지만 명색이 일요 예능인데 한 해에 열었다 닫은 코너 개수가 10개에 육박한다면 그건 그냥 제작진이 중심을 못 잡고 있다는 의미다. 설상가상으로 그 와중에 시청률이 잘 나오던 '우리 결혼했어요'는 토요일로 독립시켜 내보냈는데, 경쟁사인 KBS〈해피선데이〉가 '1박 2일'과 '남자의 자격'의 원투펀치를 완성하고, SBS〈일요일이 좋다〉 또한 '패밀리가 떴다'와 '골드미스가 간다'로 기본은 하던 시절이었다.

위기에 처한 〈일밤〉을 구해야 하는 구원투수 자리에 불려 나온 건 이번에도 김영희였다. 이번엔 MBC 예능국 사상 최연소 예능국 장 자리도 역임해보고, 한국PD연합회 회장까지 올라간 베테랑 중의 베테랑 자격이었다. 김영희는 현업 복귀 시점부터 "〈일밤〉으로는 돌아가지 않는다" "예전에 했던 공익 예능을 반복하고 싶진 않다"는 이야기를 했지만, 〈일밤〉이 서서히 침몰하는 광경을 지켜보던 MBC 예능국은 현업에 복귀한 김영희에게 〈일밤〉의 부활을 간절히 원한다는 내색을 숨기지 않았다.

MBC 〈황금어장〉 '무릎팍 도사'는 김영희를 메인 게스트로 모셔지금까지의 성공담과 앞으로의 비전을 경청했는데, 이미 경쟁 프로그램으로 넘어간 과거의 동지 이경규까지 깜짝 게스트로 함께초대해 당시 '이경규가 간다' 코너가 거둔 성공이 얼마나 대단했는가를 상기시킬 정도로 절박한 심경을 감추지 못했다. 결국, 김영희는 2009년 9월부터 스태프 31명을 데리고 두 달 반 동안 매일 회의를 해가며 〈일밤〉의 새 단장을 위한 준비에 들어갔다.

그해 12월, 김영희가 "이번이 현장에서 뛰는 마지막 기회일지 모른다"는 비장한 각오와 함께 야심차게 공개한 세 개의 코너는 각각 '우리 아버지' '단비' '헌터스'였다. '지친 퇴근길 우리 아버지들을만나 소통하고 공감하며 힘과 행복을 전하는 아버지 기 살리기 프로젝트'('우리 아버지') '도움을 필요로 하는 이들에게 손을 내밀어그들을 행복하게 만드는 정통 공익 버라이어티'('단비'), '야생 멧돼지로 고통받는 농촌을 찾아가 멧돼지를 퇴치하는 생태 버라이어티'('헌터스')를 표방한 이 코너들은 "공익 예능을 반복하고 싶지 않다"라고 말한 김영희의 다짐이 무색할 정도로 공익에 대한 강박으로만 가득했다. 두 시간 내내 가족의 가치, 생태계에 대한 관심, 이

웃을 향한 선행을 강조하는 기획은 얼핏 들어도 일요일 프라임타임 예능이라기보단 교양 프로그램에 가까웠고, 사람들은 이 과감한 모험의 결과가 어떻게 나올지 주목했다. 세간의 관심이 쏠리며 〈일밤〉은 개편 첫 주 8.5%의 시청률을 기록했지만, 바로 다음 주부터 시청자들은 모험에 대한 답을 내렸다. 시청률이 매주 조금씩 빠지기 시작했다.

가장 큰 문제는 억지로 감동을 쥐어 짜내는 시대착오

먼저 생태계의 파괴로 민가까지 내려오게 되는 멧돼지들을 수렵한다는 걸 목표로 삼았던 '헌터스'가 동물보호단체들의 비판에 직면했다. 멧돼지 개체 수 조절에 대한 사회적 논의 없이 주말 저녁에 멧돼지를 사냥하는 광경을 오락거리로 보여주는 게 윤리적으로 올바른 일이냐는 문제가 제기됐고, 제작진은 사살하는 대신 포획해 구조대로 넘기겠다고 약속하는 것으로 위기를 넘겨보려 했다.

그러나 쇼의 긴장감을 책임질 '사냥'이란 요소가 '포획'으로 순화되자 그림은 단조로워졌고, 설치해둔 포획틀 안에 들어올 멧돼지를 하염없이 기다릴 뿐 딱히 할 게 없는 쇼가 되어버렸다. 마치 정지선 앞에 설 자동차 한 대를 하염없이 기다리던 1996년의 여의도처럼 말이다. 애초에 가족 모두가 보는 일요일 저녁에 동물을 살생하는 광경을 보여주겠다는 기획도, 언제 나타날지 모르는 멧돼지를 하염없이 기다려야 하는 기획도 무리수였다. '헌터스'는 방영 4

주 만에 "기획 당시에도 장기 프로그램을 염두에 둔 건 아니었다"는 관계자의 궁색한 해명과 함께 탄소 배출량을 잡는 집을 지어보겠다는 '에코하우스'로 간판을 바꿔 달았다.

진짜 문제는 '우리 아버지'와 '단비'였다. 김영희는 이 코너가 퇴근길에 마주친 우리 시대 아버지들의 진솔한 목소리를 꾸밈없이 전할 수 있어서 재미있을 것이라 장담했지만, 지붕이 없는 곳보다는 스튜디오를 선호하는 신동엽과 김구라를 거리로 내보내자 안 그래도 큰 화학작용이 없던 두 사람 사이에 어색한 공기가 감돌았고, MC로 합류하기로 했던 황정음이 합류 시점을 미루다가 합류를 거절하면서 이래저래 모양새가 안 좋아졌다.

더 큰 문제는 별다른 맥락 없이 퇴근길의 가장들에게 부딪쳐보면 감동이 나올 것이라는 식의 게으름이었다. 이미 가정 내 경제 주체가 아버지 한 명이던 시절이 끝나고 거의 모든 가족 구성원이 경제활동을 하며 고통을 분담해야 하는 시대가 되었음에도 '아버지의 지친 어깨'만을 강조하는 쇼의 핵심 서사는 너른 공감을 사기 어려웠고, 자식에게 전화를 해 "가장 존경하는 사람이 누구냐"라는 질문을 던져 "아버지"라는 대답을 들어내야 한다는 미션은 아버지 세대와 자식 세대 간의 소통 단절을 우격다짐으로 극복하려는 모양새가 되어버렸다. MC들은 어떻게든 "아버지를 가장 존경한다"는 대답을 듣기 위해 했던 질문을 또 하고 돌려서 다시 하며 감동을 쥐어짜내고, 가장 슬프고 감동적인 사연의 소유자를 뽑아 '아빠 냉장고'를 준다는 포맷은 출연한 이들을 불행 경쟁으로 유도했다.

'우리 아버지'가 아들을 잃은 지 두 달이 채 안 되는 배우 이광기를 찾아가 그의 눈물과 오열에 클로즈업을 들이대며 시청자들에게 감동을 강요하는 동안, '단비'는 가장 극단적인 장면들을 엮어 빚어낸 충격 효과에 기댔다. 잠비아에 우물을 파러 갔을 때는 더러운 물을 벌컥벌컥 들이키는 현지 아이들을 보여주며 그들이 얼마나 열악한 환경에서 살고 있는지를 강조했고, 시한부 판정을 받은 이를 위해 깜짝 결혼식 이벤트를 마련해주며 당사자가 흘리는 눈물을 카메라로 바짝 당겨 찍었고, 난치병에 걸린 아동이 주삿바늘에 고통스러워하는 모습을 여과 없이 보여줬다. '나보다 안된 사람'의 고통을 안쓰럽게 여기는 시혜적인 시선을 유지하고, 이런 고통을 보고도 묵과하겠느냐는 식으로 보는 이들의 죄책감을 부추기던 '단비'는 그 선의에도 불구하고 촌스러움을 벗지 못했다. 결국 '우리 아버지'와 '단비' 모두 한 해를 넘기지 못하고 차례로 폐지가 되었다.

결이 비슷한 기획도 시대와 환경에 따라 접근법이 달라야 한다

물론 '헌터스'와 '우리 아버지', '단비'가 일찌감치 폐지된 이유를 구체적으로 따지기 시작하면 복합적일 것이다. 그러나 가장 큰 이유를 지적하자면 역시 '공익적인 요소를 예능에 어떻게 녹여낼 것인가'에 대한 고민이 1996년 시제에 머물러 있었기 때문임을 부정할 수 없다. 다짜고짜 현장에 나가서 움직이면 그림을 담아낼 수 있을 것이라는 무모함, 도움이 필요한 수혜자의 인권을 생각하기보단 그들의 고통을 직접적으로 화면에 투사해 시청자들에게 충격을 주는 걸 우선시 여기는 가치판단, 서민들이 견뎌야 하는 경제적 고통과 일상의 무게, 가족의 붕괴와 소통의 부재를 가부장 중심의 가족주의로 적당히 봉합해보자는 안일한 기획, 그리고 상품으로 안겨주는 냉장고가 노리는 그 옛날 '양심냉장고'와 〈칭찬합시다〉의 정서까지. 그 어느 하나도 2009년에 적합한 기획이 아니었다.

2009년은 이미 〈무한도전〉이 도움이 필요한 이웃에게 선물을 가져다주고도 그들의 감동이나 눈물 따위의 리액션은 시원하게 생략해버리고, 달력을 팔고 음원을 팔아 모은 기금을 어려운 곳에 기부한다는 사실 정도만 밝힐 뿐 도움이 필요한 이들의 절박한 사정 같은 건 그냥 묻어두었던 시기다. 타인의 고통을 팔아가며 생색을 내는 방송은 새 시대의 윤리성에 부합하지도 않을뿐더러 인위적이라는 공감대가 폭넓게 퍼진 이후였던 셈이다.

쓸쓸하게도 이런 식의 안일한 접근은 2011년 〈일밤〉이 선보인 코너인 '내 집 장만 프로젝트 집드림'으로 이어졌다. 내 집 마련이 간절한 참가자들의 절절한 사연을 전시하듯 펼쳐 보이는 윤리의 부재, 그들을 퀴즈 토너먼트 경쟁에 던져 넣고 마지막까지 살아남는 한 가족에게만 집을 선물하겠다고 말하는 잔인한 설계, 그 잔인함에서 오는 긴장감마저 상쇄시키는 느슨한 진행, 모두에게 공평무사한 퀴즈를 냄으로써 공정성을 높이겠다며 "방금 본 VCR 속 네

덜란드 건축설계사의 막내아들은 뱀 인형과 거북이 인형 중 어떤 걸 더 좋아하는가" 따위의 문제를 출제하는 대책 없음으로 점철된 '집드림'은 혹평을 피하지 못했다.

시청률이 안 나오더라도 완성도가 높았다거나, 완성도는 낮아도 시청률이 높았다거나 했으면 이야기가 조금 달랐을지 모른다. 그러나 평단과 시청자 모두의 혹평을 들었던 '집드림'은 서둘러 집을 선물받을 가족을 확정한 직후 2기나 3기 없이 폐지되었다. 공익이라는 목적을 어떤 식으로 프로그램 안에 녹일 것인가에 대한 치열한 고민 없이, 과거 〈일밤〉에서 선보였던 '러브하우스'에 당대에 인기를 끈 서바이벌 형식을 단순 접목한 안일함이 불러온 결과였다.

과거에 통했던 전략을 오늘에 되살려 재활용하는 건 잘못된 일도 드문 일도 아니다. 〈무한도전〉은 과거 〈일밤〉의 인기 코너였던 '신동엽의 신장개업'을 재해석해 '박명수의 기습공격'이나 '정총무가 간다'를 선보인 바 있고, KBS는 〈도전! 골든벨〉의 콘셉트를 고스란히 가져와 〈스타 골든벨〉이라는 스핀오프 프로그램을 만들기도 했다. 하지만 그 어떤 전략도 단순히 반복하고 답습하는 것만으로 과거의 성공을 재현할 수 있을 것이라 믿는 건 심각한 계산착오다. 과거와 현재의 환경은 필연적으로 다를 수밖에 없다. 그렇다면 과연 그 환경은 어떻게 다른지, 달라진 환경에 맞추려면 어떤 식으로 과거의 전략을 재설계해야 할지 고려하는 과정은 필수적이다. 〈일밤〉은 그걸 해내지 못했고, 결국 MBC 예능의 오랜 DNA였던 공익 코드를 전면 배제한 채 서바이벌('나는 가수다' '복면가왕')과 관찰예능('아빠, 어디가?' '진짜 사나이')으로 방향을 선회해야 했다. 수업료가 너무 비쌌다.

3장

선두 주자가 움직이는 법

1

나영석의 성공전략

남들과는 다른 무언가를 보여줘야 한다는 부담감은 언제나 "조금 더"를 외치는 방향으로 작용하곤 한다. 이런 걸 더 끼워주고, 이런 요소를 더 첨가하고, 전에 없던 새로운 걸 보여주려면 더 빼곡하게 담아서…. 보통 그런 조바심과 강박을 버리지 못한 상태에서 들어간 기획은 그 결과물이 썩 좋지 않다. 한발 뒤로 물러서서 보면 이 맛도 아니고 저 맛도 아닌 잡탕이 되어버리는 경우가 허다하지 않나. 모두를 만족시키기 위해 너무 많은 것을 첨가한 결과 정작 원래 기획이 추구했던 방향이 무엇이었는지는 휘발되어버리는 사례들.

엔터테인먼트 산업 또한 그런 유혹에서 자유롭지 않다. MBC 〈마이 리틀 텔레비전〉의 성공을 보고 이 위에 홈쇼핑의 요소를 덧붙여서 론칭해보자고 시도했다가 조용히 폐지된 KBS 〈어서옵SHOW〉

의 사례를 보아도 그렇고, SM 소속 아이돌 그룹과 흡사한 콘셉트의 라이벌 그룹을 선보이며 멤버는 무조건 한 명 더 붙이는 식의 전략으로 일관하다가 자사만의 색깔이 무엇인지 알 수 없게 되어버린 DSP의 사례를 봐도 그렇다. 꼭 필요한 첨삭과 추가가 아니라, 무조건 기획의 총량을 높이는 방향으로 '조금 더'를 추구한 결과는 이렇게 쓸쓸하다.

이번 챕터에서는 tvN 나영석 PD의 성공기를 함께 살펴볼 것이다. KBS 〈해피선데이〉 '1박 2일'을 성공적으로 견인해온 나영석이지만, 익숙한 환경을 떠나 더 치열한 케이블 예능에서 그가 이렇게 연타석 홈런을 쏘아 올릴 것이라 생각한 이들은 그리 많지 않았다. 어떤 새로운 것을 보여줄 것인가 하는 세간의 관심을 멋지게 받아친 나영석의 성공 사례는 흥미롭게도 '조금 더'가 아니라 '조금 덜', 내가 잘할 수 있는 것에만 집중하고 나머지는 배제하는 뺄셈의 논리로 가득하다. 남들이 다 무언가를 덧붙일 때 점점 자신의 예능에서 곁가지를 쳐내며 '1박 2일'에서 〈꽃보다 할배〉 시리즈로, 〈꽃보다 할배〉 시리즈에서 〈삼시세끼〉로 가는 여정을 검토하면서, 내 기획에도 본질만 남기는 뺄셈이 가능한 건 아닌지 함께 고민해보자.

'투머치'가 능사는 아니다

'여기에 뭔가 조금 더 더하면 될 것 같은데.' 콘텐츠를 만들거나 기획하는 이들이 자주 하는 고민이다. 더 많은 이들에게 본질을 전달하려면 근사한 포장과 프로모션이 필요할 것 같은데 뭘 덧붙이면 좋지? 고민이 깊어질수록 제품을 묘사하는 광고 문안은 점점 화려해지고, 제품 패키지는 제품의 특장점을 묘사하는 문구들과 온갖 장식적 요소로 빼곡하게 채워진다. 그렇지 않은가? 불과 십여 년 전만 해도 휴대폰을 구매하면 포장 상자는 깨알 같은 글씨나 그래픽으로 가득 채워져 있었다. 그러나 애플이 아이폰 시리즈의 패키지 디자인에서 보여준 것처럼, 때로는 곁가지를 걷어내고 본질에 집중하는 것이 더 직관적이고 설득력 있는 결과를 낳기도 한다. 어떠한 문구나 장식적 요소, 상세 스펙 정보도 없이 그저 휴대폰의 모습을 보여주는 것만으로, 애플은 소비자들에게 자신들이 팔고자 하는 것에 대한 설명을 끝내버렸다. 사람들이 정보를 접하고 취사선택하는 속도는 점점 빨라지고, 점차 미사여구나 장식 대신 짧은 시간 안에 본질을 제대로 보여주는 것이 더 중요한 일이 된 것이다.

더 화려하게 보여주기 위해 더하는 대신
본질을 잘 보여주기 위해 나머지를 제하는 뺄셈

꾸미는 것이 아니라 최대한 꾸밈을 자제하고 본질로 들어가는 것, 이 '뺄셈'의 흐름은 방송가에서도 유효했다. 지난 몇 년 사이 각종 게임 쇼와 서바이벌이 흥했던 시절을 지나, 〈무한도전〉과 〈해피선데이〉 '1박 2일'이 열었던 리얼리티 예능을 거쳐, 〈나 혼자 산다〉나 〈삼시세끼〉처럼 관찰 카메라를 놓고 평범한 일상을 담아내는 관찰 예능의 자리에까지 도달했으니 말이다. 이제 복고의 맥락이 아닌 이상 예능에서 '댄스 신고식'을 요구하는 모습은 찾아보기 어렵고, 한때 극에 달했던 자막의 사용은 점점 줄어드는 추세다. 인위적인 요소를 걷어내는 것. 그 흐름의 맨 앞자리에 나영석이 있다. 물론 등장하는 동물들에게 일일이 이름을 붙여주고 캐릭터로 활용하는가 하면 BGM으로 쇼를 도배하는 나영석이 뺄셈을 한다니 그게 무슨 이야기인가 싶은 이도 있을 것이다. 하지만 나영석은 필모그래피 내내 점점 더 미니멀한 쇼를 향해 가는 명백한 흐름을 유지해왔고, 그것으로 이직 후 성공을 거뒀다.

2012년 1월 13일 새벽, 여의도 KBS 앞에 '1박 2일' 멤버들을 모은 나영석 PD는 멤버들에게 이렇게 말했다. "저희 제작진이 요새 꽂혀 있는, 애청하는 프로그램이 하나 있어요. 최불암 선생님께서 나오시는 〈한국인의 밥상〉이라는 프로그램인데요.” 일체의 게임이나 여타 예능적 장치 없이, 최불암의 내레이션에만 의존해 '한국의 다양한 맛'이라는 본질 속으로 파고드는 교양 프로그램. 그저 다섯 멤버들을 전국 각지로 보내 다채로운 지역 음식을 맛보게 하기 위한 핑계였던 건지도 모르지만, 이날 나영석이 〈한국인의 밥상〉과 함께 언급했던 프로그램이 EBS의 교양 프로그램 〈극한직업〉이란 사실은 훗날 그가 CJ E&M으로 옮겨간 뒤 만들 프로그램들의 형태를 암시하고 있다. 맛있는 걸 먹으며, 새로운 곳을 찾아가며, 힘들게 노동을 하는 순간 인간은 어떤 표정을 짓고 무엇을 말하는가.

'1박 2일'에서 게임을 빼 〈꽃보다 할배〉를,
〈꽃보다 할배〉에서 여행을 빼 〈삼시세끼〉를

'1박 2일'을 구성하는 요소를 거칠게 도식화하면 다음과 같다. '(가본 적 없는) 명승지 여행 + 멤버들 간의 복불복 게임과 레이스 + 향토 음식 소개 + 멤버들 간의 대화.' CJ E&M으로 소속을 옮긴 나영석은 새로운 프로그램을 기획하며 '최소 일주일에서 열흘 정도 사람을 찬찬히 지켜보는 프로젝트'를 구상했다("예능의 최종 형태는 아마도 〈인간극장〉?", 〈시사IN〉 367호, 2014년 9월 27일). 사람을 천천히 살펴보기 위해 중요한 건 속도감이나 게임이 아니다. 고민의 결과로 나온, 〈꽃보다 할배〉 시리즈를 도식화한 공식이 (가본 적 없는) 명승지 여행 + 향토 음식 소개 + 멤버들 간의 대화인 점은 우연이 아니었던 것이다. 사람들이 나영석에게 기대하던 요소들에서, 빼도 되는 것을 과감하게 빼버린 결과다. 물론 여기에도 '짐꾼' 이서진에게 요리를 시킨다거나 길 안내를 시키며 짓궂게 놀리는 게임적 요소들은 남아 있지만, 나영석의 전작 '1박 2일'에 비하자면 없는 거나 다름없었다. 덕분에 남은 시간 여행길에 오른 사람을 관찰하고 그들의 목소리를 듣는 것에 집중할 수 있었다.

흔히 〈꽃보다 할배〉에서 등장한 농담 '요리왕 서지니'의 연속선상에서 파생된 프로그램이라 알고 있는 〈삼시세끼〉도 사실 뺄셈의 흐름을 타고 기획된 작품이다. 나영석 PD에 따르면 〈삼시세끼〉는 제작진과 함께 휴식할 수 있는 공동 소유의 전원주택을 알아보던 것에서 출발했다. 가벼운 마음으로 전원주택을 알아보던 제작진은 시골 주택도 생각보다 가격대가 높다는 사실에 놀랐고, 생각보다 많은 사람들이 시골에서의 삶에 대해 궁금해한단 사실에 두 번 놀랐다. 그렇다면 TV가 전원의 삶을 대신 보여줄 수 있지 않을까? 이 물음에서 〈삼시세끼〉가 시작됐다.

다시 거칠게 요약한 도식으로 돌아가보자. 이 프로젝트의 본질은 시골에서 자급자족하며 살아가는 것이 어떤 리듬으로 진행되는가를 보여주는 것이다. 그렇다면 집이 위치한 마을을 한 바퀴 걷는다거나, 이웃 사람들과 친해지는 것들은 필요할지언정 기존의 요소 중 여행은 불필요한 요소다. 〈삼시세끼〉 정선편과 어촌편을 아우르는 공식이 '음식 소개 + 멤버들 간의 대화 + 일하고 밥하고 치우는 일상'인 것은 당연한 결과다. 정선 옥순봉까지, 혹은 만재도까지 오는 여정이 어땠는가는 좀처럼 화면에 담기지 않는다. 동네의 풍광을 즐기는 것도 당장 끼니를 마련하는 것에 비하면 뒤로 밀린다. '비일상'의 영역에 있던 여행을 치우자, 평범하게 밥을 하고 집안일을 하는 이들의 소소한 일상과 대화가 남은 것이다.

tvN 중역들에게 〈삼시세끼〉을 설명할 때, 중역들은 나영석에게 "시골에 내려간 멤버들이 게임을 하거나 어떤 미션을 수행하느냐"라고 물었다고 한다. '전원의 삶'이라는 본질만으론 시청자를 사로잡을 수 없을 거라 생각했기 때문이다. 마치 기존의 IT 기업들이 휴대폰 패키지에 잔뜩 홍보 문구나 그래픽을 가미했던 것처럼. 그러나 나영석은 사람들이 누리는 평범한 일상 자체가 미션이란 사실을 간파했기에 "그런 것 없이 그냥 남자 둘이서 시골에서 밥해 먹고 치우며 하루를 보내는 게 전부"라고 대답할 수 있었다. 그리고 모두가 아는 것처럼, 〈꽃보다〉 시리즈와 〈삼시세끼〉 시리즈는 모두 케이블 TV 역사상 가장 높은 시청률을 갱신한 예능 프로그램이 되었다. 게임이나 레이싱, 여행이 예능의 본질이 아님을, 결국 그 안에서 살아가는 '사람'이 예능의 본질임을 놓치지 않은 결과다.

'많이, 멀리, 독하게' 대신
핵심 콘텐츠를 '깊게'

물론 누군가는 물을 수 있다. 사람이 본질이란 이야기, 누구는 못할까? 결국, 모든 예능은 사람 보는 재미를 추구하지 않나? 남자들이 떼로 나와 미션을 수행하는 종류의 예능은 멤버들 간의 팀워크를, 서바이벌 오디션 프로그램은 재능을 선보이고 선택을 갈구하는 인간의 드라마를, 군대 리얼리티 쇼나 육아 예능은 예상치 못한 고난 앞에 당황하고 깨지는 이들의 성장담을 제공한다. 너무 당연하게도, 사람이 만드는 모든 콘텐츠의 중심에는 사람이 있다.

내가 던진 화두를 스스로 부정하기 위해 하는 이야기는 아니다. 다만 그것이 무슨 의미인지 더 적확하게 쓰기 위해 하는 말이다. 이를테면 이런 거다. 지난 몇 년간 한국의 리얼리티 쇼는 물량 공세라 해도 좋을 만한 기세로 그 덩치를 키웠다. 최대한 많은 종목의 미션을 수행하고(MBC 〈무한도전〉), 더 많은 이들을 등장시켜 게임의 규모를 키우고(Mnet 〈프로듀스 101〉), 등장하는 이들의 갈등을 최대한 잘게 쪼개어 자극적으로 보여주고(Mnet 〈쇼 미 더 머니〉), 극한의 환경 안에 던져진 인물의 민낯을 탐식하는(SBS 〈정글의 법칙〉 시리즈, tvN 〈더 지니어스〉 시리즈) 방식으로 말이다. 드라마의 스케일은 확장하고 콘트라스트는 강조하는 일련의 흐름. 의도한 것이든 아니든 나영석은 그 반대 방향을 향해 갔다.

더 많은 사람, 더 격한 드라마가 아니라
한 사람 한 사람에게 더 깊게 들어가는 법

게임과 레이스를 제거하고 여행 일정을 무던히 따라가는 〈꽃보다 할배〉가 주목하는 건 어르신 멤버들 간의 대화와 상호작용이다. 당연히 처음 떠난 여행에선 빡빡한 일정이나 처음 보는 풍광 앞에서 새로운 경험을 하는 이들의 반응과 일상적이지 않은 대화와 감정이 전면에 나섰다. 그러나 여행이 익숙해진 후엔 지난 몇십 년의 일과 우정과 인생에 대해 대화를 나누는 80세 노인들의 이야기가 주가 됐다. 예상치 못했던 일들이나 특별하게 새로운 모습을 보기 위해 억지로 일정을 꾸미기보단, 멤버 한 사람 한 사람의 내면에 들어갈 수 있는 한 최대로 깊게 들어간 것이다.

후속작인 〈삼시세끼〉에선 한 수 더 뜬다. 농촌과 어촌 모두 정글이나 야외취침처럼 극단적인 경험을 선사하는 곳은 아니다. 고립된 것도 아니어서 필요하다면 차를 타고 정선 읍내로 나가거나, 배를 타고 가거도로 나갈 수도 있다. 조금 귀찮을 뿐 심드렁하게 해치울 수 있는 평범한 일상. 레귤러 멤버 수는 〈꽃보다〉 시리즈보다 더 극단적으로 줄어들어, 남자 세 명이면 필요한 그림이 완성된다. 이들이 일상의 노동을 반복 수행하는 과정을 담다 보면 결국 포커스는 인간의 내면을 향할 수밖에 없다.

물론 쇼의 리듬을 만드는 건 찾아온 손님을 접대하고, 밭일을 하고, 돌돔을 낚기 위해 낚싯대를 드리우고, 새 메뉴를 고심하는 과정이다. 그러나 가장 리듬이 고조된 순간, 〈삼시세끼〉는 개와 함께 놀아주며 나지막이 나누는 남자들의 대화, 크게 중요할 것 없는 농담 따먹기에 주목한다. 최대한 일상에 가까운 환경에 인물을 풀어둔 다음 그들이 무심코 나눈 대화 속에서 깊은 속내를 발굴해 그것을 중심으로 편집하는 것이다.

인간의 일상에 뿌리를 내린 채집과 발굴의 예능으로
정서의 해상도를 높이다

'발굴'이란 표현은 전혀 과장이 아니다. 〈꽃보다 할배〉와 〈꽃보다 누나〉 모두 사방팔방에 집요하게 설치된 무인카메라의 존재에 대해 투덜거리는 멤버들의 모습을 노출한 바 있다. 이 집요한 무인카메라 배치는 나영석이 CJ E&M으로 이적하기 전 KBS에서 마지막으로 참여했던 〈인간의 조건〉 파일럿에서도 마찬가지였다. 쉴 틈 없이 돌아가는 이 무인카메라들은 무슨 특별한 이벤트를 담기 위해 있는 게 아니다. 멤버들이 누워서 휴식을 취하고, 씻고, 책을 읽는 순간을 무심히 바라볼 뿐이다. 녹화 분량에서 무엇을 건지게 될

지는 제작진도 확신할 수 없다. 다만 멤버들이 카메라의 존재에 익숙해지고 무심해질 때까지 기다리고, 그들이 무방비 상태로 대화를 나누는 순간까지 인내한다. 그리고 평소와 다를 것 없이 지나가는 대화 속에서 주목할 만한 순간을 발견하면, 그것을 중심 맥락삼아 비로소 편집에 들어가는 것이다. 방송적 인간, 예능적 인간이아니라 그저 '인간'의 속내로, 최대한 깊게 들어가는 것. 그것이 나영석이 추구해온 방향이다.

'1박 2일' 시즌 1의 멤버들과 다시 뭉쳐 오랜만에 중국 시안으로 떠난 tvN go 인터넷 예능 〈신서유기〉는 어떨까? 나영석은 조금 느린 템포지만 '1박 2일'이 그랬던 것처럼 레이스를 하고 복불복을 진행하며 게임을 통해 식사를 제공한다. 도로 돌아간 것일까? '1박 2일' 시즌 1의 재회라는 맥락에서 보면 그렇지 않다. 늘 만나면 게임을 하고 복불복을 하던 사람들을 모아놓고 갑자기 관조적인 일상속으로 보낸다면 이 상황에선 오히려 더 인위적인 장치가 될 수도있기 때문이다.

대신 나영석은 예전과 같은 리듬으로 게임에 임하려는 강호동에게 "형, 그거 옛날 거예요"라고 농을 걸며 시간의 누적을 상기시키고, 처음 메신저를 배워 이모티콘을 사용하는 강호동의 설렘에 주목하며, 멤버들과 쉬엄쉬엄 차 한잔하는 순간의 대화를 더 길게 담는다. 기존의 멤버들을 데리고, 하던 일을 한다. 대신 템포를 늦추고 미션과 미션 중간의 쉼표에 방점을 찍어 멤버들의 깊은 심중을 힐끔 들여다본다.

　단순히 빼기만 해서 모든 것이 흥행할 수 있다면 세상일이 얼마나 간단하겠나. 그러나 보통 부가적인 기능들은 그 나름대로의 필요가 있기에 존재한다. 이 모든 것을 빼고 본질만 남겨 승부를 본다고 했을 때, 중요한 건 그 본질을 얼마나 충실하게 담아내어 부가적 기능의 부재를 만회할 수 있느냐다. 나영석은 특별한 이벤트를 빼고 일상을 담아낸 자리에, 더 많은 이들이 부딪히며 만들어내는 드라마 대신 제한된 인물만 앞세워 그들의 내면으로 최대한 깊게 들어가는 것으로 승부수를 걸었다. 소비자의 정서적 만족감의 해상도를 높이는 일, 이 콘텐츠를 보고 있는 내가 화면 속 저 사람과 충분히 공감하고 있다는 유대감을 제공하는 방식인 것이다. 그것이 이서진이, 차승원이 전에 없던 수준으로 인간적 매력을 과시할 수 있게 된 비결이다.

아이디어는 자유롭게,
동의는 까다롭게

더 많은 요소를 붙이는 것이 아니라 핵심 콘텐츠를 최대한 돋보이게 할 것. '인간'의 속내로 깊게 들어가는 것. 그렇다면 "우리도 나영석처럼 합시다"라고 외치는 것으로 혁신할 수 있을까? 그럴 리가. 한국에서 무엇인가 혁신하려는 이들이 흔히 저지르는 실수가 여기에 있다. 조직의 수장으로부터 "자, 지금부터 우리도 애플처럼 혁신합시다"라거나 "우리도 닌텐도 같은 게임기를 만들어봅시다"라는 식의 명령이 하달되면 혁신할 수 있을 거라 생각하는 오류. 기한을 정해놓고 돈을 투자하면 기존의 조직문화 안에서도 혁신적인 무언가가 나올 수 있다고 믿는 기괴한 셈법. 이게 가능한 일이라면 세상살이가 한결 간단하겠지만, 불행히도 혁신은 그런 식으로 작동하지 않는다.

정답을 찾는 게 아니라고 모두에게 문을 열자
딴짓조차 기획의 단초가 되었다

뛰어난 아이디어는 짜내라는 명령을 받았다고 해서 짜낼 수 있는 것이 아니기 때문이다. 그것은 자유롭게 의견을 말하고 들을 수 있는 분위기에서, 얼핏 제정신이 아닌 것 같은 의견을 낸다고 해서 그 의견만으로 질책을 당하거나 아예 묵살당할 일이 없는 환경에서나 가능한 일이다. 앞서도 강조했지만, 기왕에 존재하는 요소들은 다 저마다의 쓰임과 존재 이유가 있어서 존재하는 것이다. 이런 것들을 제거하고 혁신하려면 기존의 질서에 과감하게 질문을 던질 수 있어야 하는데, 기존의 수직적인 조직문화가 버티고 있는 환경에서 그게 가능할까? 서열순으로 앉아 막내는 입을 떼기도 어려운 환경의 회의라거나, 기껏 입을 뗐는데 돌아오는 반응이 "그거 해봤는데 안 되더라"라거나 "그 아이디어는 좋지 않다"라고 말을 막아버리는 분위기라면? 창의성은 분명 개인의 능력이지만, 그 창의성을 발휘할 수 있도록 환경을 조성해주는 것은 조직의 능력이고 리더의 능력이다.

나영석이 기존의 예능을 구성하던 요소들에서 군더더기를 빼고 인간이라는 본질 안으로 걸어 들어갈 수 있었던 비결 또한 여기에 있다. 이미 널리 알려진 사실이지만, 나영석은 가히 집착적으로 회의에 매달리는 사람이다. 그것도 뚜렷하게 정해진 주제가 있는 회의가 아니라, 아무 제약 없이 각자가 자유롭게 이야기를 꺼낼 수 있는 종류의 회의. 당연히 효율성은 떨어지고 회의 시간은 길어지지만, 어떤 정답을 찾으려고 하는 회의가 아니라는 점이 이 회의의 비밀이다. 어떤 목표를 정해놓고 시작한 회의가 아니기에 비교적 부담 없이 아이디어를 던질 수 있고, 어떤 주제든 불이 붙은 김에 끝까지 논의해볼 수 있다. 혹시나 팀에서 연차가 낮은 스태프가 주춤거리며 말을 못할 것을 염려해 상석을 피해 앉고, 말이 없으면 일부러 말을 걸어서라도 의견을 묻는다.

〈삼시세끼〉가 이런 식으로 시작된 프로그램이다. 앞서 언급한 바 있지만, 서울 동교동 미디어카페 후에서 열렸던 토크콘서트 '후아유'에 연사로 초대되었던 나영석은, 〈삼시세끼〉는 애초에 프로그램을 기획하려다가 나온 아이디어가 아니라 제작진이 각자 필요할 때마다 콘도처럼 사용할 수 있는 공동 소유의 전원주택을 알아보던 것에서 출발했다고 밝힌 바 있다. 만약 이 팀이 단지 새로운 프로그램 기획에만 집중하자며 전원주택 이야기를 뒤로 미뤘다면 누구도 인터넷에서 귀촌 비용을 검색해보지 않았을 것이고, 그랬다면 생각보다 귀농·귀촌을 꿈꾸고 궁금해하며 정보를 구하는 이들이 많다는 사실도 알지 못했을 것이다. 명확한 정답도 주제도 없는 회의이기에, 보통의 회의라면 '딴짓' 취급을 당했을 만한 일이 기획의 단초가 된 셈이다.

찬성이든 반대든 중요한 건 표면이 아니라 그 맥락이다

최대한 자유롭게 발언을 독려하는 것이 아이디어의 문턱을 낮추는 것이라면, 회의에 참여하는 주체들에 대해 파악하고 그들의 반응을 살피는 것은 아이디어의 완성도를 높이는 일이다. 나영석은 자신과 함께 일하는 팀원들의 성향을 파악하고 그들을 각 세대, 성별, 취향을 대변하는 이들로 상정한 채 회의 내내 이들의 반응을 살핀다. 물론 구하는 것은 모두의 찬성이나 지지가 아니라, 반응 그 자체다. 나영석은 주간지 〈시사IN〉과의 인터뷰 중 기획 단계에서 〈삼시세끼〉를 좋아한 건 자신과 이우정 작가 둘뿐이었다며 이렇게 말한 바 있다. "대다수가 반대한다는 건 그만큼 리스크가 크다는 것이고 그만큼 새로운 기획이라는 뜻도 된다. 사람들은 익숙하지 않은 것에 거부감을 표시한다. 반대 또한 하나의 의견이다. '이 프로그램은 정말 새로운 프로그램이구나' 하는 생각에 한 번쯤 해볼 만하다고 생각했다."('삼시세끼' 먹듯 회의하는 남자', 〈시사IN〉 388호, 2015년 2월 17일)

팀원 대다수가 반대하는 일을 윗사람이 책임지고 밀어붙이는 게 좋은 의사결정이라 말하려는 것이 아니다. 팀원들의 '반대'에서 '해볼 만한 일'이란 결론을 뽑아내려면 그만큼 팀의 특성에 대해 꿰고 있어야 가능한 일이다. 이것은 단순히 정서적인 반감인가? 프로그램의 소재가 부적절해서 반대하는가? 이들이 대변하는 계층은 어떤 이들이고 이들이 추구하는 가치는 무엇이며 구체적으로 어떤 맥락에서 이 의견에 반기를 드는 것일까? 나영석은 오랜 회의 끝에 이들의 '반대'에서 '익숙하지 않은 것'이란 키워드를 읽고, 거기에서 다시 '새로운 기획'이란 답으로 도약했다.

사람들이 낯설어하고 예측하지 못하는 그림에서 혁신을 읽고 성공의 감을 읽어내는 것은 나영석의 오랜 지론과 같다. 이미 널리 알려진 일화지만, 2012년 KBS를 퇴사하기 전 마지막으로 참여했던 파일럿 〈인간의 조건〉 기획회의 당시, 나영석은 일상에서 스마트폰과 인터넷, TV를 뺀 삶을 실험해보자는 신미진 PD의 아이디어를 옹호하며 말했다. 뭐가 나올지 다 예상이 되는 것보다, 뭔지 모르겠다는 궁금증을 일게 하는 것이 더 성공 가능성이 있다고.

　나영석은 반대에서 맥락을 읽었듯 찬성 또한 그 맥락을 살피고, 너무 쉽게 이룬 합의는 좀처럼 믿지 않는다. 아니, 아예 다 뒤집고 백지에서 새로 시작한다. 모두가 쉽고 빠르게 찬성하는 아이디어라는 것은, 회의에 참석한 이들이 대변하는 다양한 계층이 모두 머릿속에 쉽게 그려볼 수 있는 뻔한 그림이라는 뜻이니까. 뭐가 나올지 뻔히 그림이 그려지는 것은 혁신이 아니다. 그래서 찬성과 반대는 그 자체보단 그 맥락이 중요하다. 이 찬성이 익숙함에서 나온 게으른 찬성인가? 이 반대는 낯섦에서 나온 두려운 반대인가?

남들이 다 하는 것이 아니라
내가 잘하는 것으로

앞서 나는 나영석이 걸어온 행보에서 몇 가지 일관된 방향성을 정리해 제시했다. ①핵심만 남기고 군더더기를 쳐내기. ②핵심 콘텐츠의 밀도를 높여 보는 이에게 정서적 만족감을 제공하기. ③자유롭게 아이디어를 뻗되 너무 익숙하거나 뻔한 답은 철저하게 피해가기. 그런데 이 모든 방향성은 사실 한 가지 원칙 안에서 움직인다. 바로 '트렌드에 휩쓸리는 대신 내가 하고 싶고 잘할 수 있는 것을 한다'는 것이다. 언뜻 익숙하고 뻔한 것을 피하라는 ③번과 정면으로 배치되는 이야기처럼 들리겠지만, 내가 하려는 얘기는 그 뜻이 아니다. 남의 흐름, 남의 싸움을 무조건 따라갈 필요가 없단 이야기다.

자기복제가 아니라 자기 노선이 확고한 예능

잠시 시계를 돌려 나영석이 CJ E&M으로 이적했던 2012년 초를 회상해보자. 그 시기는 나영석 본인이 관여한 KBS 〈인간의 조건〉이나 JTBC 〈상류사회〉 등으로 관찰 예능의 가능성이 태동하던 시기이기도 했지만, 동시에 서바이벌 오디션 프로그램이 최전성기를 누리던 시기이기도 했다. Mnet 〈슈퍼스타K〉와 MBC 〈위대한 탄생〉, SBS 〈K팝스타〉, tvN 〈코리아 갓 탤런트〉 등 신인을 발굴하는 프로그램부터, MBC 〈우리들의 일밤〉 '나는 가수다', KBS 〈불후의 명곡 - 전설을 노래하다〉처럼 기존의 가수들을 경쟁시키는 프로그램까지.

예능 프로그램 속의 경쟁은 더 첨예해지고 그 룰은 더 복잡해졌다. 방송 안에 어떤 식으로든 경쟁과 생존의 테마를 끌어들이는 것은 피할 수 없는 시대의 대세처럼 보였다. 나영석 또한 이런 조류에 발맞추려 했다면 결코 못하진 않았을 것이다. 그는 KBS 〈출발 드림팀〉의 조연출로 커리어를 시작했고, '디비디비딥'을 비롯한 각종 게임을 유행시켰던 KBS 〈여걸 식스〉를 거쳐갔으며, 팀별 레이스와 각종 게임으로 무장한 KBS 〈해피선데이〉 '1박 2일'의 수장을 지낸 사람이었으니까.

그러나 나영석이 CJ E&M 이적 후 1년에 가까운 기간 동안 침묵을 지키다가 내놓은 것은 게임도 경쟁도 없는 〈꽃보다 할배〉였다. 노년 배우들의 유럽 여행기가 케이블 채널이란 한계를 뚫고 4%~7%의 시청률을 기록할 것이라 예상한 사람은 많지 않았다. 한편에선 국보급 원로 배우들을 섭외하는 데 성공해 주인공으로 내세운 나영석의 기획력을 칭찬했지만, 다른 한편에선 대단히 새로운 걸 들고 나올 줄 알았는데 '1박 2일'의 연장선상에 지나지 않는 게 아니냐는 비판 또한 함께 나왔다.

tvN 〈삼시세끼〉라고 상황이 크게 다르지 않았다. 처음 제작 소식이 들려올 때만 하더라도 어르신들의 음식 수발을 드느라 팔자에 없는 요리를 해야 했던 이서진의 별명인 요리왕 서지니에서 파생된 스핀오프라는 오해를 샀다. CJ E&M으로 이적한 이후의 나영석은, 새 프로그램을 론칭할때마다 꾸준히 늘 해오던 것을 장소만 바꿔 반복하며 자기복제를 하는 것이 아니냐는 의심을 샀던 셈이다. 하지만 그 말은 다시 이야기하면 나영석이 시대의 조류에 자신의 행보를 맞춘 것이 아니라 자신이 걷고자 하는 방향으로 걸길 고집했다는 이야기이기도 하다.

시대의 조류를 따라잡는 것만큼 중요한 것은
내가 잘할 수 있는 분야 안에서 혁신하는 것

TV 예능 프로그램을 만드는 이들은 끊임없이 당대의 조류를 놓치지 않으려 노력한다. 뒤처지면 안 된다는 강박이 여타 다른 장르에 비해 더 극심한 장르 아닌가. 다른 프로그램들의 성공이나 전반적인 예능 트렌드의 흐름을 기민하게 읽는 이들은 빠른 속도로 그 트렌드를 쫓는다.

〈나는 가수다〉에서 영감을 받은 〈불후의 명곡 – 전설을 노래하다〉와 JTBC 〈히든싱어〉, tvN 〈더 지니어스〉 시리즈의 자장 아래 있는 JTBC 〈코드〉, JTBC 〈썰전〉의 영향력이 명백한 TV조선 〈강적들〉,

MBC 〈우리들의 일밤〉 '애니멀즈'가 쓰러진 자리에서 출발하는 JTBC 〈마리와 나〉와 채널A 〈개밥 주는 남자〉까지.

나영석은 이러한 조류에서 한발쯤은 떨어져 있다. 나영석이 만드는 새 프로그램에 가장 큰 영향을 끼치는 것은 다른 누구의 프로그램도 아닌 자기 자신의 직전 프로그램이다. 트렌드가 어떻게 흘러가느냐와 무관하게, 본인이 가장 잘 다룰 줄 알고 애착을 가지고 집중할 수 있는 '인간의 내면'에 꾸준히 집중했으니 말이다.

물론 인간의 내면에도 여러 가지 표정이 있다. 그리고 오늘날 대부분의 예능은 그 다양한 표정들 중 한두 가지에 방점을 찍고 그 부분에 콘트라스트를 주는 것으로 승부를 건다. 욕망과 경쟁심(tvN 〈더 지니어스〉, JTBC 〈크라임씬〉, 〈코드〉), 간절함과 절박함(〈슈퍼스타 K〉, 〈K팝스타〉), 낯섦과 두려움(MBC 〈우리들의 일밤〉 '진짜 사나이', SBS 〈정글의 법칙〉), 세대 간의 교감(MBC 〈우리들의 일밤〉 '아빠, 어디 가?', KBS 〈해피선데이〉 '슈퍼맨이 돌아왔다). 하지만 나영석의 예능은 그렇게 특정한 카테고리의 감정을 따로 떼어내 방점을 찍지 않는다. 앞서 거푸 지적했던 것처럼, 나영석은 예상하지 못한 상황 속으로 사람을 던져놓되 나지막이 나누는 멤버들의 대화나 크게 중요할 것 없는 농담 따먹기 뒤에 숨겨진 깊은 속내에 주목한다.

남의 싸움에 흔들리지 말고 고집스레 자기 싸움을 살아라

우리는 종종 무조건 낯선 영역으로 뛰어들어 모험을 걸라고 부

추기는 이야기를 듣는다. 블루 오션을 개척해야 한다. 새로운 먹거리를 찾아내야 한다. 치열해지는 경쟁 시장 안에 거침없이 뛰어들어라. 익숙한 지도 밖으로 행군하라…. 시대에 뒤처져선 안 되고 경쟁에서 패배해선 안 된다는 강박을 파는 것이다. 그러나 꼭 남들이 열심히 매진하고 있는 경쟁이라고 해서 반드시 나까지 덩달아 무리해서 그 경쟁에 참여해야 할 이유는 어디에도 없다. 자신이 잘 알고 있어서 주도권을 잡을 수 있는 영역이 확고하게 존재한다면, 때로는 그 영역 안에서 혁신을 거듭해가며 자신을 갈고닦는 것으로 자기 싸움을 하는 것이 나을 때가 있다.

리얼 버라이어티의 시대에 잠시 주춤했던 신동엽은 무리해서 리얼 버라이어티들에 도전했지만, 그 시도는 죄다 실패로 끝났다. 그에게 과거의 명성을 되찾아준 것은 자신이 제일 잘할 줄 아는 토크쇼와 콩트 코미디였다. 복귀 이후 한동안 감을 못 잡고 헤매던 강호동에게 가장 든든한 버팀목이 되어준 프로그램은 육체 능력의 기량을 겨루는 KBS 〈우리동네 예체능〉이다. 승부가 지배하던 세계에서 씨름선수로 살던 그는, 자신이 가장 잘 아는 세계로 돌아가서 우위를 잡았다.

그리고 나영석은 꾸준히 자신이 잘할 줄 아는 예능, 한없이 일상에 가까운 예능을 고집함으로써 PD로선 16년 만에 2015년 백상예술대상 대상을 거머쥐었다. 이것은, 남의 싸움에 흔들리는 게 아니라 고집스레 자기 싸움을 살아낸 사람, 스스로 '아날로그형 인간'이

라 말하며 굳이 등 떠밀려 변화하는 대신 자기중심을 지켜온 사람
이 거둔 성취에 대한 작은 헌사일 것이다.

2

금기를 뛰어넘어라, 남들보다 반 발만 더
: JTBC의 토크쇼들

2010년대는 지상파 토크쇼의 무덤이었다. 사람들은 점점 유명 연예인들이 나와 자신의 신변잡기에 대해 이야기하고 개인기를 뽐내는 형식의 토크쇼에 익숙해지다 못해 진력을 냈다. 게스트 한 명을 모셔서 깊이 있는 이야기를 나누던 정통 미국식 토크쇼의 명맥도 끊긴 지 오래였지만, 기획 섭외(특정 이슈나 콘셉트에 맞춰 공통점을 공유하는 게스트를 섭외하는 방식)라는 새로운 문법을 창안해 제시했던 MBC 〈놀러와〉 같은 전통의 강호까지 부활의 불씨를 잡지 못하고 무너져 내리는 광경은 실로 충격적이었다.

장르 자체가 그 수명과 활력을 다했다고 생각이 될 때쯤, 답은 엉뚱하게도 종합편성 채널에서 튀어나왔다. 지상파 채널들에서 잔뼈가 굵었던 인력들을 대거 섭외하는 데 성공한 JTBC가, 〈썰전〉과

〈마녀사냥〉, 〈비정상회담〉, 〈김제동의 톡투유〉, 〈말하는 대로〉, 〈한 끼 줍쇼〉 등의 토크쇼들을 연달아 흥행시키면서 예능의 절대 강자로 등극한 것이다. 물론 이런 성공의 뒤에는 당연히 능력 있는 인재들을 섭외하고 투자를 아끼지 않은 JTBC의 물량공세가 있었지만, 꼭 그것만으로 설명이 가능한 성과는 아니다.

이번 챕터에서 우리는 JTBC의 토크쇼들이 대중의 마음을 사로잡은 비결을 살펴볼 것이다. 〈썰전〉과 〈마녀사냥〉, 〈비정상회담〉으로 이어지는 흐름은 그동안 방송에서 암묵적인 금기의 영역이었던 정치와 섹스, 한국을 바라보는 외부의 시각 등의 소재를 적극적으로 차용하는 금기의 수용을 보여준다. 그런가 하면 〈김제동의 톡투유〉, 〈말하는 대로〉, 〈한 끼 줍쇼〉는 방송이 적극적으로 끌어다 쓰지 않았던 평범한 사람들의 이야기를 주요 소재로 차용하고, 스튜디오를 벗어나 거리로, 한 수 더 떠서 사람들의 집 안으로 들어가는 경계 허물기의 흐름 위에 있다. 남들보다 딱 반 발짝만 소재의 금기를 넘고, 그게 수용될 때쯤 다시 반 발짝 스튜디오 밖으로, 사람의 곁으로 다가가는 월경의 과정을 통해 후발 주자가 어떻게 단기간 내에 퍼스트 무버가 될 수 있었는지를 고찰해보자.

남과는 다른 자신만의 색채를 찾아라

2013년, 지상파로 한정해서 보면 토크쇼라는 장르는 점점 쇠락해가는 것처럼 보였다. 2012년 12월엔 8년의 역사를 쓰고 있던 MBC 〈놀러와〉가 시청률 저조를 이유로 제대로 된 작별인사조차 나누지도 못한 채 폐지됐고, 그 자리에 편성된 〈토크클럽 배우들〉 또한 두 달을 못 채우고 폐지됐다. 2013년 1월엔 KBS 〈승승장구〉가 종영했고, 그 자리에 들어온 〈달빛 프린스〉 또한 두 달을 채우지 못하고 폐지됐다. 2013년 2월엔 SBS 〈강심장〉이 막을 내리고 그 자리를 〈화신 - 마음을 지배하는 자〉가 대체했지만 이 또한 8개월 만에 막을 내렸다. 같은 해 8월엔 잠정 종영과 재편성, 개편을 거치며 부활을 꾀하던 MBC '무릎팍 도사'가 폐지됐고, 그 자리를 〈스토리쇼 화수분〉으로 대체했으나 한 달을 간신히 넘기고 폐지됐다. 여전히 월요일에 SBS 〈힐링캠프〉, 수요일에 MBC 〈라디오스타〉, 목요일에 KBS 〈해피투게더〉, SBS 〈자기야〉, 토요일 밤 MBC 〈세바퀴〉라는 라인업이 건재했다 해도, 지상파 방송 3사 모두 간판 토크쇼 프로그램들을 한두 개씩 잃고 그 자리를 대체하려던 시도도 무산된 것은 다분히 충격적인 일이었다.

물론 각각의 프로그램들이 폐지되고 새로운 시도들이 실패를 거둔 건 저마다 다른 요인들이 작용한 결과였으나, 전반적인 토크쇼 장르의 부진은 보는 이들에게 여러 가지 생각을 남겼다. 대중은 더이상 스타가 살아온 삶의 궤적에 대해 이야기하는 1인 토크쇼에 예전만큼 큰 관심이 없었고, 〈놀러와〉가 원천기술로 보유하고 있던 기획 섭외는 다른 토크쇼들이 흉내 낼 수 있게 되며 그 빛이 바랬다.

〈강심장〉과 〈세바퀴〉가 연 '떼토크'라는 장르는 여전히 채널A 〈이제 만나러 갑니다〉, MBN 〈황금알〉, 〈엄지의 제왕〉 등의 프로그램으로 그 명맥을 이어갔으나, 토크쇼라기보단 인포테인먼트Infotainment 쇼에 가까운 형태로 모양새가 바뀌는 건 어쩔 수 없었다. 게다가 대중의 인식 속에서 아직 종합편성 채널은 영향력 면에서나 질적 완성도 면에서 지상파에 미치지 못하는 채널쯤으로 여겨지고 있었다. 보수 시청자층을 노린 뉴스쇼들과 과거 제작했던 드라마나 예능 재방송 등으로 낮 시간대를 가득 채운 편성은 어딜 봐도 진지한 채널로 대우해주기 애매한 모양이었으니 당연한 일이었다.

토크쇼의 불황기 한가운데 정치 토크쇼를 선보이다

하지만 JTBC는 조금 다른 길을 걸었다. 다른 종편 채널들과 차별화를 해 제4의 지상파 반열에 들고 싶어 했던 JTBC 입장에선 새로운 접근이 필요했다. 정치에 대해 이야기하지만 다른 종편 채널들과는 다르게, 떼토크를 하더라도 지금까지의 접근과는 다르게, 똑같은 토크쇼를 하더라도 지금까지의 한계를 조금 벗어난 것으로. JTBC라고 〈닥터의 승부〉나 〈유자식 상팔자〉처럼 여타 다른 종편 채널들과 비슷한 종류의 인포테인먼트 떼토크쇼를 안 한 건 아니지만, 중장년층 시청자들이 아니라 콘텐츠의 입소문을 내고 구매력을 발휘하는 데 가장 중요한 블록인 2049(20대에서 40대를 일컫는 말) 시청자들을 잡을 만한 것이 필요했다.

2013년 2월, JTBC의 야심작 〈썰전〉이 방영을 시작했다. 방영 시간대는 강호동과 유재석이 각각 '무릎팍 도사'와 〈해피투게더〉로 버티고 있던 목요일 밤 11시대, 주제는 여타 종편 채널들이 자주 하던 정치 토크가 주였으며 MC는 복귀한 지 얼마 안 된 김구라였다. 패널로 초빙된 이철희 당시 두문정치전략연구소장은 대중에게 익숙한 얼굴이 아니었고, 강용석은 tvN 〈화성인 바이러스〉와 〈강용석의 고소한 19〉 등을 통해 방송인으로의 업종 전환을 꾀하고 있었지만 아직 비호감이었다. 과연 이게 가능한 싸움이었을까?

놀랍게도, 그게 먹히기 시작했다. 〈썰전〉은 종편의 상징처럼 되어버린 정치 뉴스쇼라는 장르를 가져오면서도 나름대로 정파적인 균형을 잡기 위한 안배를 했다. 각각 진보와 보수로 분류되는 이철희와 강용석은 주요 비판의 대상인 박근혜 정부와 친박에 대한 비판에 큰 부담을 느끼지 않았고, 각자 당시 민주통합당과 새누리당의 실책에 대해 비교적 흔쾌히 인정하고 함께 비판하는 최소한의 균형감각을 보여줬다. 더구나 과거 MBC 〈명랑 히어로〉 등을 통해 시사와 정치에 대한 토크를 나눈 적이 있었던 김구라는 민감한 주제가 오가는 토크쇼를 비교적 안정적으로 중재했다.

특정 진영의 '정치평론가'들을 데려와 허위 주장과 비아냥으로 일관하던 종편 뉴스쇼에 염증을 느끼던 젊은 시청자들의 눈에는, 어느 정도 진영논리를 극복하고 양자의 의견을 기계적 균형으로나마 맞췄던 〈썰전〉은 굉장히 새로운 종류의 쇼로 보였던 것이다. 익숙한 정치 토크로 기존의 시청자층을 잡음과 동시에 공정성을 담보해 젊은 시청자층을 끌어들이고, 정부에 대한 비판적인 목소리도 필요하다면 피하지 않는 시도. 〈썰전〉은 1~2%대의 시청률을 가지고도 강력한 인지도와 화제성을 담보할 수 있었다.

남들보다 반 발짝만 앞으로, 반 발짝 더 공정하게

JTBC가 〈썰전〉을 통해 시도했던 것이 대단히 새롭거나 혁신적인 것은 아니었다. 말하자면 아주 살짝, 반 발짝만 금기를 넘어가는 시도였을 뿐이다. 예능이 정치를 다루려다가 실패했던 수많은 시도들 – MBC 〈명랑 히어로〉, tvN 〈새터데이 나잇 라이브 코리아〉

등 – 에서 반 발짝만, 지상파에서 나눌 수 있는 정치 담론의 이야기보다 반 발짝만 앞으로, 그리고 기존 종편 채널을 수놓던 보수 일변의 색채에서 반 발짝 더 가운데로.

하지만 그렇게 금기를 넘음으로써 프런티어로서의 이미지를 구축하고 남들이 미처 가보지 못한 영역을 선점하되, 너무 앞서가진 않음으로써 시청자들의 안도감을 자극하지 않고 안전하게 자리 잡는다는 계산은 그 이후 JTBC의 정체성을 결정하는 한 수였다. 흔히 지금의 JTBC의 색깔이 구축되기 시작한 시점을 손석희 보도 · 시사 · 교양 총괄 사장의 부임 이후로 잡는 이들이 많지만, 적어도 '다채로운 즐거움'이란 JTBC의 슬로건이 설득력을 얻기 시작한 것은 〈썰전〉 이후라고 해도 과언이 아니다. 〈썰전〉이야말로 '보수 신문사가 변칙적으로 만든 보수 일색의 채널'이란 이미지를 탈피해 한국 사회 양쪽 진영의 목소리를 담아내려는 시도였으니까. 그리고 이러한 JTBC의 실험은 한동안 계속되었다.

선두 주자는 금기를 넘는 데 주저하지 않는다

〈썰전〉의 성공적인 론칭은 JTBC에 시사하는 바가 컸다. 그간 예능이 쉽게 다루지 못했던 정치 영역을 건드렸다는 파격부터 민감한 소재를 다루는 태도, 기계적인 중립을 취하지 않고도 시청자들에게 방송이 불공정하지 않다고 느끼게 만드는 기술에 이르기까지. 〈썰전〉을 성공시켰던 2013년 여름, JTBC는 그간 방송이 미처 다루지 못했던 또 하나의 금기를 살짝 넘어보기로 했다. 남자들의 마음을 뒤흔드는 '마'성의 '여'인들에 대한 이야기를 허심탄회하게 이야기한다는 명목으로 '마녀'라는 단어를 가져왔지만, 그 정체는 기실 섹스의 영역까지 포괄하는 19금 연애 상담 프로그램이었던 〈마녀사냥〉을 론칭한 것이다.

과거 MBC 〈놀러와〉의 '트루맨쇼'가 다루려 했으나 끝내 가닿지 못한 지점을 넘어보려는 시도. 모두 알다시피 결과는 성공적이었다. 오랜 세월 Mnet 〈슈퍼스타K〉 시리즈가 압도한 탓에 지상파조차 넘보지 못했던 금요일 밤 11시대의 왕좌를 잠시나마 CJ E&M으로부터 빼앗아 올 정도였으니.

이미지는 세게, 실제 수위는 그리 높지 않게
<마녀사냥>과 <비정상회담>이 디딘 절묘한 반 발

<마녀사냥>은 야한 농담의 달인 신동엽을 내세워 노골적인 성애 담론의 이미지를 심어주면서도, 정작 이론적으로 중요한 내용은 각자 '무성욕자라서', '전문가라서'라는 평계로 덤덤한 톤을 유지했던 허지웅과 곽정은에게 맡겼다. 또한 청춘들의 연애 상담이 주를 이뤘던 방송답게, 그 명성에 비해 실제 방송 수위는 그렇게 높지 않았다. 진하고 센 이야기를 다룬다는 이미지는 취하면서도 너무 노골적이거나 불쾌한 지점을 피하기 위해 나름의 균형을 잡았던 것이다.

민감한 소재를 다루되 너무 깊게는 들어가지 않는 태도와, 이성애자 남성들끼리만 점유하는 토크의 비중이 더 높으면서 전문가 패널로는 여성을 초대해 보는 이들로 하여금 방송이 균형을 맞추고 있다고 느끼게 만드는 기술, <썰전>이 정치 토크를 다룰 때 성공적으로 활용했던 공식은 <마녀사냥>에도 착실하게 적용됐다. 금기를 넘되 딱 반 발자국만 넘어가는 아슬아슬함. 하나둘씩 토크쇼가 사라져가며 토크쇼 전성시대가 끝나는 건 아니냐는 불안한 토로가 나오던 시기에 이룬 성취였기에 더더욱 빛을 발했다.

이와 같은 태도가 가장 극대화됐던 순간은 JTBC 예능국이 <비정

상회담〉을 선보였던 2014년이었다. 한국어 구사가 가능한 재한 외국인들을 모아서 각종 사회적 의제들에 대해 이야기를 나누게 한 것은 과거 KBS 〈미녀들의 수다〉가 시도했던 것과 크게 다르지 않았지만, 〈비정상회담〉은 V자 형태의 무대 세트로 구성되어 있던 〈미녀들의 수다〉와 달리 실제 회담장을 방불케 하는 ㄷ자 형태의 세트를 마련해 패널들이 MC를 거치지 않고도 격렬하게 토론을 주고받을 수 있는 환경을 마련해줬다.

출연진들의 평균 한국어 실력 또한 〈미녀들의 수다〉에 비해 월등히 높았고, 덕분에 오가는 대화의 수준 또한 깊었다. 특히 오랫동안 프로그램의 진지한 토론 분야를 지키는 보루였던 미국인 패널 타일러 라쉬와, 불미스러운 사건으로 프로그램을 하차한 탓에 좀처럼 언급되지 않지만 월등한 입담과 좀처럼 굽히지 않는 강경한 태도로 프로그램 초창기 토론 분위기에 함께 불을 지폈던 터키인 패널 에네스 카야의 존재는 프로그램이 단순한 예능으로 끝나는 게 아니라 진보와 보수, 자유와 평등, 다원주의와 민족주의, 개인주의와 가족중심주의 등 서로 상충하는 입장이 치열하게 대립하는 토론의 장으로도 기능하게 만든 요소였다.

다시 금기 뒤에서 망설이는 순간 인기는 하락한다

외국인의 눈으로 한국 사회의 여러 가지 문제점들을 비판하고 점검하며 대안을 이야기한다는 점에서 〈비정상회담〉은 분명 〈미녀들의 수다〉가 가고자 했으나 끝내 도달하지 못했던 지점까지 도달했지만, JTBC는 그 또한 딱 반 발만 내딛는 쪽을 택했다. 제작진은 토론이 깊어지려 할 때마다 맥을 끊으며 치고 들어오는 MC진에 대한 시청자들의 불만에 〈비정상회담〉은 어디까지나 예능이지 토론이 주가 아니라는 식의 입장을 밝혔다.

프로그램은 종종 동성애에 대한 근거가 희박한 혐오 등 '틀린 것'을 '서로 다른 것'으로 포장하고 넘어가거나, 여성혐오에 대한 세간의 문제제기에도 젠더 인권에 대한 인식이 부족한 MC들의 발언을 거르지 않고 내보내기도 했다. 특히 회사생활 경험이 없는 성시경이 한국 기업들의 불합리한 문화와 개인의 희생을 강요하는 분위기에 대해 옹호하는 듯한 발언을 했던 회차는 많은 이들의 비난을 받았다. 한국 사회의 여러 가지 문제점을 외국인들의 눈으로 보고 비판하는 쇼에서, 그것도 여러 의견을 중간에서 중재해야 할 책무가 있는 MC가 적극적으로 '틀림'을 '다름'으로 옹호했기 때문이다.

딱 반 발만 더 나가는 것으로 성공을 거둬왔던 쇼가 삐걱거리기 시작한 것이 이 시점이었다. 21세기의 두 번째 10년은 전 세계적으로 혐오에 대한 저항과 저항으로서의 혐오가 치열하게 진행되는 시기이고, 한국 사회에서도 사회적 금기의 선이 매일 같이 새롭게 그어지고 있는 시기다. JTBC의 예능들은 금기를 반 발이나마 월경하는 모습을 보여줌으로써 인기를 끌었지만, 사회적 담론이 업데이트되는 속도에 맞추지 못한 탓에 눈 깜짝할 사이에 다시 금기 뒤에서 망설이는 쇼가 되었다.

〈마녀사냥〉의 주된 시청자층이었던 2049 여성층은 어느 순간부터 여성을 '된장녀'와 '개념녀'로 나누는 식의 그릇된 고정관념을 표현하는 데 망설임이 없는 MC들이나, 여전히 이성애자 남성 중심으로 쏠린 대화의 무게추를 옮기지 않는 프로그램의 태도에 진력을 내기 시작했다. 〈비정상회담〉의 거침없는 토론에 매료되었던 시청자들은 틀림의 문제까지 다름으로 뭉치는 프로그램의 무난함에 조금씩 실망했다. 〈마녀사냥〉은 시청률 하락으로 폐지됐고, 〈비정상회담〉은 패널들을 교체해 분위기 쇄신을 꾀하는 중이지만 그 실험이 유효할지는 더 지켜봐야 알 일이다.

선구자로 포지셔닝한 이들의 숙명,
어디가 새로운 금기의 선인지 끊임없이 살피는 것

금기를 딱 반 발만 넘는다는 건 매력적이면서도 위험한 전략이다. 금기를 넘어 도발적인 매력을 뽐내는 동시에 반 발만 앞으로 가는 것으로 안정을 바라는 이들을 안심시키는 것은 얼핏 두 마리 토끼를 다 잡을 수 있는 전략처럼 보이기 쉽다. 그러나 한번 금기를 넘는 것으로 사람들을 매료시키면 끊임없이 그다음 금기에 도전할 것을 요구받게 된다. 그다음 반 발자국을 떼는 시점과 방향을 어디로 잡아야 할지를 치열하게 살피지 않으면, 다시 말해 선구자의 롤을 수행하는 데 조금이라도 망설임이 생기면 사람들의 기대치는 금방 하락한다. 선구자로 스스로 포지셔닝한 이가 경쟁하고 넘어서야 하는 대상은 제 라이벌이 아니라, 과거의 자기 자신과 오늘날 세간의 기대치니까 말이다.

새로운 욕구는 도처에 있다,
단 주목하지 않았을 뿐

유명한 게스트가 나오는 것도, 쇼의 주제가 몹시 흥미로운 것도,
고정된 촬영장이 있는 것도 아니다. 그래도 굳이 장르를 정의해보
자면, 2016년 4/4분기에 처음 선보인 JTBC 예능 〈한끼 줍쇼〉는 토
크쇼에 가깝다. 처음 볼 때만 해도 이경규와 강호동이 티격태격하
는 걸 보거나 닫힌 대문 앞에서 끊임없이 거절당하는 걸 보는 게
이 쇼의 재미인 줄 알았다. 그러나 프로그램이 알려지면 알려질수
록 이들에게 밥 한끼 주겠노라 선뜻 문을 열어주는 집들이 늘어났
다. 20여 년 넘게 한국인들이 가장 사랑하는 예능인으로 군림했던
이경규와 강호동의 조합이니, 문전박대하는 사람들이 점점 줄어든
것이다.

덕분에 쇼의 진짜 재미에 집중할 수 있는 시간이 더 늘어났다.
그 주 두 사람이 방문한 동네의 특징에 집중하고 사람들과 대화를
나누며, 저녁 밥상 한켠을 내어준 사람들은 무슨 사연을 품고 사는
지 듣는 슴슴한 재미 말이다. 성수동에서 만난 젊은 부부는 한참

힘들던 시절 받았던 도움을 잊지 않고 있기에 자신들도 베풀고자 한다는 이야기를 들려주고, 창천동 하숙집에서 만난 중국인 하숙생들은 타지 생활의 즐거움과 고단함을 말한다. 담배 좀 끊으라는 손녀의 지청구를 귓등으로 넘기는 창신동 할머니의 능청에 비하면 이경규와 강호동의 티격태격은 별 재미도 아니다.

유명한 게스트도, 게임도, 스튜디오도 없는 토크쇼

〈한끼 줍쇼〉보다 조금 먼저 시작한 JTBC 예능 〈말하는 대로〉도 얼핏 흔히 봤던 강연 프로그램처럼 보이기 쉽지만, 무대와 객석 사이의 구분이 없는 수준을 넘어 연사를 길바닥에 세워놓는다. 쇼가 좀 자리를 잡은 요즘에야 지나가던 행인들이 쇼의 로고를 알아보고 조금씩 자리에 앉는다 쳐도, 초창기에는 연사가 직접 길 가는 사람들을 붙잡아 세워놓고 내 이야기를 좀 들어달라고 설득해야 했다. 마이크를 잡는 이가 죄다 유명한 사람은 아니기 때문이다.

'시팔이'로 유명해진 하상욱 시인 같은 유명 연사가 있는 반면, 허성태처럼 이제 간신히 이름을 알리기 시작한 배우도 연사로 선다. 관객이 연사의 귀한 말씀을 들으려 바쁜 시간을 쪼개어 녹화장을 찾는 게 아니라 바쁘게 길을 걷는 시민들의 곁으로 연사가 다가가 잠시 시간을 허락해달라고 말해야 하는 이 희한한 쇼. 강연 프로그램이라고 하기에도 애매하다. 유병재처럼 무대를 스탠드업 코미디를 할 공간으로 활용하는 사람이 있는가 하면, 최서윤 〈월간잉여〉 편집장처럼 자기 생각을 토해낼 공간으로 활용하는 사람도 있고, 오영환 소방관처럼 구조 활동의 애환을 이야기하며 시민들의 협조를 구할 기회로 쓰는 사람도 있다. 결국 〈말하는 대로〉 또한 굳이 따지자면 변칙 토크쇼다.

〈한끼 줍쇼〉와 〈말하는 대로〉 이전에 JTBC 〈김제동의 톡투유〉가 있었다. 제작국에서 만든 두 프로그램과 달리 보도제작국에서 만드는 이 프로그램은 역설적으로 세 쇼 중 가장 전통적인 토크쇼의 형태를 하고 있다. 자기 이름을 내건 메인 MC 김제동이 있고, 음악을 들려주는 하우스밴드가 있고, 고정적으로 자리를 지키는 패널들이 있고, 매회 함께 이야기를 나눌 게스트가 있다. 대학이나 시민회관 대강당을 빌려 녹화하고, 무대를 한껏 활용한다는 점도 토크쇼의 전형에서 벗어나지 않는다.

〈김제동의 톡투유〉가 다른 토크쇼들과 다른 점은 쇼의 대부분을 게스트나 패널들이 하는 이야기가 아니라 방청객들의 이야기로 채운다는 점이다. 김제동은 연신 방청객들에게 질문을 던지고 대답을 듣고 흥미로운 대답을 건넨 방청객에게 마이크를 쥐여주며 자신의 이야기를 해보라고 독려한다. 덕분에 김제동은 무대 위보다 객석을 오르락내리락하며 마이크를 전달하고 배분하는 데 더 많은 시간을 할애한다. 방청객의 이야기가 재미있을수록 게스트와 패널의 비중은 줄어들지만 아무도 그를 두고 불평하지 않는다. 애초에 쇼의 모토부터가 '당신의 이야기가 대본'인 쇼이고, 김제동이 예전부터 해오던 토크 콘서트의 형식을 고스란히 TV에 이식한 쇼이기 때문이다.

방송이 주목하지 않았던 '보통' 사람의 곁으로

같은 방송사에서 만든 프로그램들이라고 해서 이걸 의도된 흐름이라고 해석하는 건 억지일지 모른다. 앞서 살펴본 〈썰전〉과 〈마녀사냥〉, 그리고 〈비정상회담〉 사이의 시차에 비하면 〈김제동의 톡투유〉와 〈말하는 대로〉 사이의 시차는 제법 크다. 게다가 제작국과 보도제작국이라는 두 조직은 그 성격이 제법 많이 다른 편이다. 그러나 이 세 편이 느슨하게 보여주는 JTBC 토크쇼의 방향성은 비교적 선명하다.

〈김제동의 톡투유〉가 전국 대학교들을 순회하며 대강당을 빌려 방송을 한다면, 〈말하는 대로〉는 아예 시민들이 지나다니는 거리로 다가가고 〈한끼 줍쇼〉는 평범한 이들의 집 안으로 불쑥 머리를 들이밀고 한끼를 청한다. 〈말하는 대로〉가 무대와 객석의 위계를 없앴다면, 〈김제동의 톡투유〉와 〈한끼 줍쇼〉는 연예인들이 평범한 장삼이사들의 이야기를 궁금해하고 경청하게 만듦으로써 무대와 객석의 관계를 역전시킨다. 말하자면 세 편 모두 방송국 스튜디오를 벗어나 나와 당신 같은 평범한 사람들의 오늘을 묻는 쇼인 셈이다.

이미 다른 방송사의 토크쇼들이 우후죽순 폐지를 면치 못할 때

새로운 주제인 정치(《썰전》)와 섹스(《마녀사냥》)를 꺼내 들고, 한국인이 아닌 외부인의 시선으로 한국과 세계의 오늘을 토론하게 하는 것(《비정상회담》)으로 장르의 새로운 가능성을 탐색한 바 있는 JTBC다. 그러나 〈김제동의 톡투유〉와 〈말하는 대로〉, 〈한끼 줍쇼〉의 흐름은 다소 차이가 있다. 전자의 흐름이 새로운 것을 이야기하는 것에 포커스를 맞췄다면, 후자의 흐름은 새로운 사람들에게 마이크를 주되 평범한 사람들이 쉽게 공감할 수 있는 보편적인 것을 이야기하는 데 포커스가 맞춰져 있다. 장르의 가능성을 다했다고 생각하는 순간, JTBC는 꾸준히 토크쇼 장르의 잠재력을 더 끌어냈다. 한 번은 새로운 방향으로 금기를 넘고, 또 한 번은 장르를 비틀어 보편성을 강화했다. 매번 성적표가 잘 나오는 우등생을 보는 것처럼 얄밉기는 하지만, 사람의 곁으로 다가가는 JTBC의 이번 실험도 성공인 듯하다.

3

tvN의 드라마는 어떻게 지상파를 이겼나

tvN이 처음 개국했을 때만 해도 일개 케이블 채널이 지상파를 넘본다는 건 상상하기 어려운 일이었다. 플랫폼이 쌓아온 역사와 신뢰도의 차이는 어마어마했고, 초반 인기몰이를 위해 선정성을 바짝 세운 결과 tvN은 '어디 가서 그 채널 본다고 자랑스레 이야기하기 어려운' 채널로 굳어지는 듯했다. 그런데 지난 2016년 연말쯤 되자 상황은 180도 뒤집혔다. 〈시그널〉로 시작해 〈도깨비〉에 이르기까지, 작품성으로나 흥행성으로나 그해 화제가 되었던 거의 모든 드라마는 tvN에서 전파를 탄 것이다. 2006년과 2016년 사이 10년, 대체 tvN에는 무슨 일이 있었던 걸까?

새로운 인재들을 발굴하고 지상파의 성과를 벤치마킹해온 흐름도 무시할 수는 없지만, '대도시에 거주하는 젊은 직장인 여성'이라는 충성도 높은 시청자층을 발견하고 그들의 니즈를 핵심으로 서서히 저변을 넓혀온 노력이 없었다면 tvN의 오늘은 불가능했을 것이다. 그 어떤 기획도 처음부터 모두를 다 만족시키는 것은 불가능하다. 그렇다면 관건은 충성도가 높은 코어유저가 누구인지 얼마나 빨리 파악해서 기반을 다지느냐일 것이다. 뿌리를 내리지 못한 채 가지를 뻗는 나무는 없는 법. 확고한 소비자층을 빨리 파악하고 그쪽으로 기획을 특화해야, 자연스레 규모가 커지며 핵심 소비자층을 중심으로 가지를 뻗기 쉬워진다.

이 챕터에서는 tvN이 〈막돼먹은 영애씨〉 시리즈와 〈로맨스가 필요해〉 시리즈 등을 통해 한국의 2049 여성층의 욕망을 대변하는 그럴싸한 엔터테인먼트 채널로 거듭나고, 그를 중심으로 조금씩 외연을 넓혀 드라마의 명가로 거듭나는 과정을 함께 살펴볼 예정이다. 시행착오를 거듭하다가 사소한 계기로 핵심 소비자층을 파악하는 과정, 그리고 차츰 지상파와 대적할 만한 노하우를 쌓으며 인재를 모으고 명실공히 경쟁력 있는 드라마 채널로서의 정체성을 굳히는 과정을 간략히 복기해보자.

충성도 높은 소비자층에 집중하라

"부산에 가 있어야 할 배우들이 죄다 킨텍스에 있네." 2016년 개국 10주년을 기념해 열린 tvN의 첫 시상식 〈tvN10 어워드〉 레드카펫 현장은, 거짓말 조금 보태 어지간한 영화제 레드카펫에 버금가는 화려함을 자랑했다. 10년치 콘텐츠에 대한 기념과 시상을 한꺼번에 했다는 점을 감안해도 그 위용이 어마어마했으니까. 일개 방송사의 시상식에서 김혜수와 차승원을, 박근형과 혜리를, 예지원과 김성균을, 조진웅과 임시완을, 이성민과 이순재를, 유해진과 이서진을 한 자리에서 보는 경험이 어디 흔한가. 흡사 백상예술대상이나 청룡영화제를 방불케 하는 진용을 자랑한 〈tvN10 어워드〉는, 자신들이 이제 지상파를 제치고 대한민국에서 가장 핫한 아티스트와 크리에이터들이 모이는 힙한 채널임을 선포하는 tvN의 승리선언이었다.

잘 살 것 같은 타깃을 함부로 예측하지 말고,
진짜 잘 사는 타깃이 누구인지 살펴보라

처음 전파를 송출하던 10년 전만 해도 상상하기 어려운 일이었다. 개국할 무렵의 tvN은 노골적인 선정성 하나로 이름을 알려보려 발버둥치는 채널 아니었다. 〈tvNGELS〉의 과도한 노출로 중징계를 받은 채널도, 불륜 현장을 덮쳐 잡아먹을 듯 언쟁을 벌이는 부부의 모습을 생생하게 재연해서 보여주던 페이크 다큐 〈독고영재의 현장르포 스캔들〉이 방송됐던 채널도 모두 tvN이었으니까.

드라마라고 해서 사정은 크게 다르지 않았다. tvN이 개국과 동시에 선보인 미니시리즈 〈하이에나〉(2006)는 한국 남자판 〈섹스 앤더 시티〉를 표방했던 작품이었는데, 당시 주연이었던 오만석의 표현을 빌리자면 "방송이 나가면 매장당할 정도로 선정적"인 드라마였다. 첫 회 방송에서 당시 케이블 채널이 확보할 수 있는 최대치에 가까운 시청률인 0.5%를 기록하고 해외로 수출이 되었을 만큼 성공적인 작품이었다고는 하지만, 10년이 지난 지금 tvN 홈페이지 어디에서도 그 흔적을 찾아볼 수 없다. 심지어 종영 프로그램 목록에서조차도.

지금의 '드라마 왕국' tvN의 출발점이 된 작품은 역시 2007년 방영을 시작해 지금까지 시즌을 이어가고 있는 〈막돼먹은 영애씨〉 시리즈다. 내용 면에서는 2005년 방영된 MBC 〈내 이름은 김삼순〉에서 시작된 30대 직장 여성의 삶과 사랑에 대한 담론을 이어받고 형식상으로는 미국 NBC 시트콤 〈오피스〉의 영향을 노골적으로 받은 작품이었지만, 〈막돼먹은 영애씨〉는 지상파 드라마들이 좀처럼 보여주지 않는 '평범한 여성'의 수난기와 직장생활의 구질구질함을 생생하게 담아내며 자기 영역을 구축했다.

　물론 이 프로그램의 인기를 간과할 수도 있었을 것이다. 처음 방영될 때만 하더라도 주연 김현숙은 KBS 〈개그콘서트〉에서 선보인 '출산드라' 캐릭터의 잔영이 남아 있는 상태였으니 주연의 인기로 인해 거둔 컬트적인 인기라 생각하고 말 수도 있었을 테다. 제목은 어떤가? 그 무렵 CJ가 제작한 박찬욱 감독의 영화 〈친절한 금자씨〉의 노골적인 패러디였으니까. 당대 화제가 되었던 두 콘텐츠를 가져다 이어 뒤트는 재미를 주려는 의도가 완연한 작명이었다. 출산드라를 연기한 거세고 풍채 좋은 배우 김현숙에게, 금자씨를 연기한 고상한 여배우의 대명사 이영애의 이름을 붙여주고 '막돼먹었다'고 선언하는 제목. 아마 그런 것의 조합 때문에 흥행한 게 아닐까?

　다행히 tvN 드라마국은 이 작품에 유의미한 시청률이 집계되고 매니아층이 형성되는 이유를 정확하게 눈치챘다. 〈막돼먹은 영애씨〉에 지지를 보낸 시청자들의 상당수는 도시에 거주하고 직장생활을 하는 2049 여성 시청자들이었다. 직장에서 업무 능력과 아무 상관없는 외모나 인성으로 평가를 강요당하고, 갑과 을의 구조가 선명한 직업세계에서 거의 모든 순간 을이기를 강요당해야 하는 평범한 여성 직장인들. 그들은 자신들의 고충과 욕망을 이해하는 〈막돼먹은 영애씨〉에게 공감과 지지를 보냈다. 남성 시청자들을 잡아

둘 만한 노출과 자극은 영화 채널의 심야 프로그램이나 유료 성인 채널과 같은 다른 선택지가 있었지만, 젊은 여성 시청자들의 욕망을 해소할 만한 창구는 상대적으로 드문 상황이었다. 〈막돼먹은 영애씨〉에 시청자들이 몰린 것도 이상한 일이 아니었던 것이다. tvN 드라마국은 그제서야 제 채널의 가장 충성도 높은 주 시청자 층을 가늠할 수 있게 되었다. 성인 남성 시청자들을 겨냥한 〈하이에나〉로 출발한 tvN 드라마의 전략이, 지상파로부터 야금야금 2049 여성 시청자층을 빼앗아오는 것으로 방향을 선회하는 순간이었다.

타깃의 욕구를 정조준하라, 남들보다 한 뼘만 더 과감하고 뻔뻔하게

젊은 여성 시청자층 공략은 다각도로 이루어졌다. 중학교 동창인 세 여자의 연애담을 그린 〈로맨스가 필요해〉(2011)로 출발한 〈로필〉 시리즈는 대화에서 섹스에 이르기까지 연애에 대한 디테일한 이야기를 젊은 여성의 시각에서 바라본 작품이었다. 〈인현왕후의 남자〉(2012)는 지상파 드라마의 보수적인 분위기 속에선 다루기 어려운 타임슬립 장르를 로맨틱 코미디에 도입했다는 점에서 해외 장르물을 즐겨보던 젊은 시청자들의 이목을 집중시켰다. 〈나인 - 아홉 번의 시간여행〉(2013)과 〈시그널〉(2016)으로 이어지는 일련의 타임슬립물들은 〈인현왕후의 남자〉가 없었다면 제작되기 어려웠으리라. 〈꽃미남 라면가게〉(2011)로 시작해 〈닥치고 꽃미남 밴드〉(2012), 〈이웃집 꽃미남〉(2013)으로 이어지는 tvN의 '꽃미남' 시리즈

는 또 어떤가? 남성 연예인들의 외모를 소비하고 싶은 여성 시청자들의 욕망을 대놓고 충족시켜주는 과감함과, 썩 부끄럽지 않은 완성도의 결과물로 면피를 가능케 해주는 양수겸장의 덕목을 갖추고 있지 않았던가.

연애담은 지상파보다 더 진솔하게, 장르물은 지상파보다 더 과감하게, 꽃미남 장사는 지상파보다 더 뻔뻔하게. tvN 드라마는 지상파가 할 수 있는 것보다 딱 한 뼘씩 더 해 보이는 것으로 젊은 여성 시청자들의 니즈를 충실히 반영했다. 물론 CJ E&M TV사업부가 온미디어를 흡수 합병하면서 자연스레 O'live 채널이나 Story On과 같은 여성 전문 채널들이 늘어난 탓에, 한때 tvN이 특장점으로 내밀었던 젊은 여성 시청자 특화 채널이란 요소들은 자연스레 다른 채널로 이관되었다. 그러나 이렇게 대놓고 젊은 여성 시청자층을 공략했던 시기의 노력들 덕분에, tvN은 드라마 자체 제작과 홍보, 흥행의 경험들을 안정적으로 쌓아갈 수 있었다.

충성도 높은 소비자층을 확장하라

이렇게 차츰 가능성을 넓혀가던 tvN을 본격적인 드라마 명가로 만든 건, 공교롭게 드라마 경험이 한번도 없었던 예능 PD 신원호와 예능 작가 이우정이었다. 그들이 KBS에서 tvN으로 이적해 와서 만든 작품은 예능이 아닌 드라마 〈응답하라 1997〉(2012)였는데, IMF 관리 체제, 김대중 대통령 당선, H.O.T.와 젝스키스로 대표되는 아이돌 전성시대 등 사회 전반이 대격변을 겪던 1997년의 부산을 충실히 재현한 이 작품은 tvN의 위상을 영원히 바꾸는 데 성공한다. 주 시청자층인 30대 도시 여성들에게 그들의 10대 시절을 회고할 수 있게 해줬다는 점에서 기존 tvN 드라마의 타깃 전략을 착실히 따르는 작품이었으나, 〈응답하라 1997〉은 거기에 그치지 않았다. 1990년대에 대한 회고는 30대 여성만의 전유물이 아니라, 극중 성동일 이일화의 세대인 50대부터 그 시절을 어슴푸레나마 기억하는 20대 초반까지 폭넓게 공감할 수 있는 코드였으니까.

더 폭넓은 시청자층을 확보하며 상황은 흥미롭게 돌아갔다. 케이블로는 불가능할 것 같던 최고 9.5%의 시청률을 기록하더니, 대 뜸 지상파 프로그램들을 제치고 콘텐츠 화제성 1위를 차지해버린 게 아닌가. 성공에 힘입어 제작된 후속작 〈응답하라 1994〉(2013)와 〈응답하라 1988〉(2015~2016)은 각각 지금의 40대와 50대의 향수를 자극하며 tvN 드라마의 시청자층을 늘리는 데 지대한 기여를 했다. 당신들이 가장 빛나던 사춘기 시절로 돌려보내준다는데, 그걸 마 다할 시청자가 어디 있단 말인가.

다음 해 같은 CJ E&M 계열 채널인 Mnet과 함께 제작해 동시 방 영한 드라마 〈몬스타〉(2013)는 기존의 tvN 여성 시청자들의 취향을 건드리는 동시에 당시 Mnet 〈슈퍼스타K〉 시리즈를 통해 절정에 오 른 '가창하는 청춘'에 대한 판타지를 소비하기 위한 전략적인 작품 이었다. 노래하는 고등학생들이 청춘의 열병과 아픔을 노래를 통해 극복해 나가는 과정을 그려 보인 이 작품은 실로 CJ E&M의 계열사 간 시너지 효과를 극대화한 결과물이라 할 수 있었다. 더구나 이 무 렵 KBS 〈성균관 스캔들〉(2010)을 연출하고 CJ E&M으로 이적한 김 원석 PD는 전작에서 보여준 섬세한 연출로 시청자들을 사로잡았 다. tvN의 기존 시청자들은 케이블 채널에서도 이 정도 완성도를 지 닌 작품이 나올 수 있다는 사실에 환호했고, 김원석 PD에 대한 신 뢰로 처음 tvN 드라마를 시청한 이들은 지상파에서라면 나오기 어 려웠을 과감한 시도에 열광했다. 교실 한가운데에서 갑자기 화음을 맞춰 함께 노래하는 것으로 왕따의 아픔을 이겨내는 청춘들이라니,

지상파였다면 오글거린다며 반려되었을 만한 장면은 〈몬스타〉를 상징하는 장면이 되었다. 그렇게, tvN은 조금씩 외연을 넓히기 시작했다.

확고한 코어 타깃을 중심으로 서서히 넓혀간 외연

〈응답하라〉 시리즈로 확장되기 시작한 시청자층은 2014년 개국 8주년 기념작 〈미생〉에서 그 규모가 위력적으로 커졌다. 20대의 사회 초년생부터 그 시절을 추억하는 50대 직장인들, 취업준비생들과 그들의 부모 세대에 이르기까지 폭넓은 팬층을 확보한 동명의 원작 웹툰, tvN은 잘못 만들었다고 욕먹는 것만 피해도 다행일 도박에 성공한다. 원작을 훼손하지 않으면서도 나름의 재해석을 하는 데 성공하며 원작의 팬층을 고스란히 시청자로 포섭하는 데 성공한 것이다. 〈성균관 스캔들〉과 〈몬스타〉를 통해 빼어난 영상미와 섬세한 감정연출을 선보인 바 있는 김원석 PD는 치밀한 호흡과 미장센으로 웹툰의 세계를 TV에 옮겨내는 데 성공했고, 〈미생〉은 KBS 〈TV 손자병법〉(1987~1993) 이후 최고의 직장 드라마라는 평을 들으며 그 해 케이블TV대상, 백상예술대상, 서울드라마어워즈, 아시안TV어워즈를 휩쓸었다. 평균 시청률 5.55%, 최고 시청률 10.3%라는 대기록은 덤이었다.

이 무렵 tvN 드라마는 거의 모든 영역에서 지상파의 성취를 넘어서는 경험을 축적했다. 창작자의 재량을 존중하는 태도와 원작을 각색하는 솜씨는 〈미생〉으로, 도시 여성의 삶과 연애를 다루는 깊이는 〈로맨스를 부탁해〉 시리즈로, 지리멸렬한 일상과 고단한 일터를 그리는 솜씨는 〈막돼먹은 영애씨〉 시리즈로, 청춘 성장물을 그리는 실력과 1980~1990년대를 복원하는 재주는 〈응답하라〉 시리즈로, 판타지 장르물을 다루는 솜씨는 〈인현왕후의 남자〉와 〈나인-아홉 번의 시간여행〉으로 입증했다. 사극과 일일드라마 정도를 제외하고 나면 거의 모든 장르에서 지상파에 대한 우위를 확인한 셈이다.

자신감이 붙은 tvN의 모기업 CJ E&M은 아예 드라마 제작 자회사인 스튜디오 드래곤을 만들고, 해외 드라마의 리메이크 판권을 사고, 지상파에서 시청률을 이유로 시놉시스를 반려당한 작가들을 섭외하기 시작했다. 압도적인 노하우와 충성도 높은 시청자층을 확보했으면, 자연히 자랑하고 싶지 않겠나.

수익성을 이유로 반려된 아이템을 주워 왔다
제대로 만들었더니 불티나게 팔렸다

개국 10주년을 기념하는 tvN의 2016년 드라마 라인업은 다시 봐도 경이롭다. 김혜수는 〈시그널〉로 3년만에, 전도연은 〈굿 와이프〉로 11년 만에 브라운관에 복귀했다. 노희경 작가의 〈디어 마이 프렌즈〉는 김영옥, 신구, 나문희, 김혜자, 윤여정, 고두심, 박원숙, 주현, 고현정, 조인성을 한자리에 불러 모으는 기적 같은 캐스팅을 성사

시켰고, 상대적으로 기대치가 작았던 로맨틱 코미디 〈또! 오해영〉마 저 시청자들을 사로잡으며 주연을 맡은 서현진을 차세대 '로코퀸'으 로 만들어줬다.

놀라운 건 김은희의 〈시그널〉과 노희경의 〈디어 마이 프렌즈〉 모두 시청률을 이유로 지상파에서의 편성이 불투명한 작품이었다 는 점이다. 그러나 tvN은 이 작품들에 집중적으로 투자했고, 덕분 에 그간 tvN 드라마에 별 관심이 없었던 더 다양한 계층의 시청자 들을 확보할 수 있었다. 장르 팬, 노년의 시청자, 주부 팬, 그리고 tvN이 오랜 세월 공략해 온 젊은 여성 시청자들에 이르기까지 거의 모든 계층의 시청자들이 tvN 드라마에 이목을 집중한 것이다.

〈하이에나〉에서 출발해 〈tvN10 어워즈〉의 화려한 레드카펫까 지 고작 10년. 지상파 방송사가 한 해에 두세 작품 성공시키면 그 해 작황이 좋다고 할 만큼 경쟁이 치열해진 드라마 판에서, tvN은 2016년 한 해에만 〈치즈 인 더 트랩〉, 〈시그널〉, 〈또! 오해영〉, 〈기 억〉, 〈디어 마이 프렌즈〉, 〈굿 와이프〉, 〈혼술남녀〉, 〈도깨비〉를 성 공시켰다. 당장 내일 터질 일도 장담할 수 없는 게 엔터테인먼트 산업이지만, 적어도 지금 이 순간 한국에서 가장 빼어난 드라마를 만들어 가장 잘 파는 채널은 tvN이다.

예능,
유혹의 기술

4장

시대의 욕망을 읽는 법

1

누구의 욕망인가? 1인 가구 시대의 TV

변화된 환경에 따라 전략을 수정하고, 본질만을 남기고, 핵심 소비자층의 니즈를 파악해 기반을 다지고…. 앞서 말한 모든 전략들은, 결국 지금 사람들이 원하는 것이 무엇인지 파악하는 기술의 일부다. 우리는 연말마다 다가오는 새해에 유행할 것들은 무엇인가 알아보기 위해 트렌드 분석 서적을 구매하고, 구글 검색 쿼리를 분석해 다음 대선에서 누가 승리할 것인지를 예측하고, 새로운 상품과 프로모션을 기획한다.

이렇게 새 시대의 트렌드로 떠오르는 것들이 아주 새로운 욕망이라거나, 전에 본 적 없는 별천지에서 등장한 미지의 대상인 경우는 그리 많지 않다. 대부분 뻔히 눈앞에 있었는데 그간 은폐되어온 것들이나, 사람들이 충분히 누리지 못해 결핍된 가치들이 새로운 이름과 포장을 입고 재등장한 것이다.

이를테면 '혼밥' 트렌드는 혼자 사는 이들의 증가와 사생활의 결여가 낳은 트렌드고, 먹방 트렌드는 반대로 누군가와 함께 식사를 하고 싶다는 욕망이 방송 참여를 통해 불거져 나온 결과였다. 웰빙 트렌드는 정신의 성장과 행복을 등한시한 채 가격 대 성능비, 효율성만을 바라보며 달려온 시대에 대한 반성이었고, '욜로YOLO, You Only Live Once'족의 등장은 미래의 행복을 위해 현재의 고통과 불합리를 참고 견뎌야 한다고 이야기해온 한국사회에 대한 반발이었다. 너무 코앞에 있었던 것들이기에 오히려 그 중요성을 파악하지 못했던 가치들, 혹은 시대의 변화에 따라 더 이상 당연하게 누릴 수 없는 것이 되어버린 가치들이 당대의 욕망으로 떠오르는 것이다.

이번 장은 앞서 열거한 수많은 행동지침과 조언들이 실제로 작동한 사례들, 당대의 욕망을 캐치해 대중문화 콘텐츠로 발전시킨 사례들에 대한 연구다. 전통적인 대가족이 붕괴하고 개인이 원자화되는 흐름 속에서 무언가 자신을 붙잡아줄 만한 공동체적 의식이 필요했던 이들은 가족의 정서적 기능을 대신 충족시켜주는 '먹방', 육아 예능, 가상 연애, 친교 예능을 찾아 소비했다. 인간관계가 주는 위안은 필요하지만 상처를 감당하기엔 너무 지쳐 있던 젊은 세대들은 감정의 깊이가 말끔하게 정리되어 평면에 가까워진 사랑 노래를 불렀고, 좋았던 옛 시절에 대한 향수가 필요했던 이들은 저마다 박제된 형태의 과거를 소비했다.

지난 몇 년간의 흐름에 대한 고찰인 탓에 이 장은 다분히 우울하고 무겁다. 옛 질서는 무너졌는데 새로운 질서를 세울 만한 경제적 안정이 사라진 시대였으니, 한국인들이 욕망하는 바는 소박했고 위안을 삼기 위해 소비한 대중문화 콘텐츠들 또한 쓸쓸한 뒷맛을 남기는 것이 사실이다. 하지만 그럴 때일수록 섬세한 기획으로 사람들의 마음을 위로하는 것이 기획자의 책무라 할 수 있겠다. 한국 사회를 휩쓸었던 일련의 트렌드를 짚어보며, 대중문화가 어떻게 시대의 욕망을 포착하고 위로해왔는지 살펴보자.

불안정한 시기에는
사람들에게 결핍된 것을 찾아라

불과 십수 년 전만 해도 "혼자 사는 연예인들의 일상을 찍어 매주 방영하거나, 애 아빠 연예인들이 애를 보는 모습을 주말 황금시간에 방영하자"라고 제안하는 PD가 있었다면 필경 "감이 없다"는 이야기를 들었을 것이다. TV는 보다 자극적이고 근사한 볼거리를 제공해야 하는데, 혼자 방구석에 틀어박혀 있는 사람들의 모습이나 고단한 육아의 과정을 보여줘서 어디다 쓸 것인가? 애를 키울 거면 〈GOD의 육아일기〉처럼 젊은 아이돌 그룹이 단체로 아이를 돌보는 모습 정도는 보여줘야 하고, 연예인들이 어떻게 사는지 궁금하면 〈연예가 중계〉나 〈한밤의 TV연예〉를 보내서 찍어오면 될 일이었다.

그러나 2010년대의 TV는 사뭇 다르다. 2010년대의 한국인은 MBC 〈나 혼자 산다〉를 통해 1인 가구로 살아가는 연예인들이 외로움을 이겨내기 위해 발버둥치는 모습을 보고, KBS 〈슈퍼맨이 돌아왔다〉에서 어린 쌍둥이를 목욕시키느라 용을 쓰는 이휘재를 보

며 웃는다. 십수 년 전만 해도 실없다 치부되었을 기획들이 주말의
TV를 수놓고 있다.

화려한 것보다 절박한 것이 먼저다

앞서 우리는 JTBC의 토크쇼가 '새로움'을 추구하는 방향으로 금
기를 넘은 뒤, 다시 '보편성' 쪽으로 한발 나아가며 장르의 폭을 넓
히는 흐름을 살펴보았다. 이런 흐름이 제일 먼저 포착된 것이 바로
'관찰 예능'이다. 예능의 흐름이 점차 '다르고 새로운 것'에서 '익숙
하지만 결핍된 것'을 채우는 방향으로 바뀐 것이다.

사람들은 대도시 속에서 홀로 살아가며 쓸쓸함을 느끼는 것이
나 혼자가 아님을 확인하고 싶어서 1인 가구 예능을 보고, 아이를
키울 때 매일매일 환희와 절망을 열두 번도 더 오가는 것은 다들
비슷하단 걸 확인하고 싶어서 육아 예능을 본다. 사회구조가 복잡
해지고 다원화될수록 그 속에서 피로를 느끼고 외로워지는 건 보
편적인 경험이 된다. 여전히 새롭고 참신한 정보값을 제공하는 예
능 프로그램을 보면서도, 동시에 고독을 채워줄 '나와 같은' 이들을
보고 싶은 욕망이 커지는 것이다. TV를 통해서라도 누군가의 일상
을 지켜보며 온기를 얻고, 나아가 이런 고민과 외로움을 겪는 게
나만 경험하는 일이 아니라는 걸 확인하며 위안을 얻는 것이다.

어찌 보면 당연한 일이다. 사회가 상대적으로 안정되고 풍요로
운 시기에는 사람들이 자신이 경험해보지 못한 새로운 자극이나

정보를 추구하지만, 그렇지 못한 시기에는 익히 알고 있는 것이지만 결핍된 것을 찾는다. 자신의 처지를 공감해줄 누군가, 혹은 형편상 당장 채우기 어려운 욕망 같은 것들 말이다. 끼니를 충분히 챙겨 먹은 사람은 혀의 즐거움을 추구하며 미처 경험해본 적 없는 감각을 탐험하는 데 시간과 자원을 투자할 수 있지만, 당장의 허기를 채워야 하는 사람 입장에선 혀의 즐거움보단 배의 든든함이 더 다급한 법이니까.

당장 2009년도 히트상품인 오리온 '마켓오' 시리즈가 내세웠던 상품 전략과, 2015년 김혜자 도시락이 내세운 상품전략만 비교해봐도 시대의 변화를 짐작할 수 있다. 불황기에 등장한 프리미엄 과자 브랜드 마켓오는 유기농과 친환경을 강조하는 웰빙 브랜드인데, 3000원대에서 5000원대 사이의 가격군을 형성하고 있다. 일반 과자들에 비하면 비싸고 사치스러운 가격이지만, 먹고자 하면 못 사먹을 것도 없는 가격대다. 당시 돈에 비해 심리적 만족을 주는 소비 패턴 '밸류 포 머니value for money'나, 작게나마 사치를 부리고 싶은 소비자의 마음 '스몰 인덜전스small indulgence' 등이 화제가 됐다. 불황이 장기화되고 경제 동력이 다 소진되어가는 듯한 2015년 김혜자 도시락은 어떤가? 가격 대비 그 양이 푸짐하다는 것이 미덕으로 꼽혔다.

2010년대 한국의 TV 또한 그런 흐름에 서 있다. 대중의 사랑을 받는 프로그램들을 살펴보면 대체로 새로움이나 특별함을 추구하는 프로그램들이 아니라 '저 사람도 나와 같은 감정을 느끼는구나'

하는 교감을 느낄 수 있는 공감과 보편에 기반한 프로그램들이다. 각종 오디션 프로그램들이 시즌을 반복할수록 점점 실력이 아니라 참가자의 사연에 집중하는 경향도, 토크쇼가 자꾸 평범한 사람들에게 마이크를 들이대는 방향성도, 연예인들의 화려한 스캔들을 다루는 쇼들이 침몰한 자리에 연예인들이 혼자 밥을 먹고 애를 키우는 모습을 가만히 관찰하는 관찰 예능들이 부상한 것도 결국 TV를 통해서나마 고립을 극복하고 공감을 구해보려는 간절함의 결과인 셈이다.

가정의 안정이 무너진 자리, 노인과 청년들은 섬이 되었다

넘치는 관찰 예능과 2013년 tvN 〈꽃보다 할배〉를 필두로 잠시 유행했던 노년 예능의 흐름 또한 이 연장선상으로 보면 이해가 빠르다. 한국 사회가 장기적인 경기침체를 경험하며 제일 먼저 맞이한 변화는 전통적 가족 형태의 붕괴였다. 안정적인 경제적 울타리를 제공하고 그 대가로 가장의 권위를 내세우던 가부장제 문화의 가족은 더 이상 한국 사회가 유지 및 감당할 수 있는 형태가 아니었다. 가족 형태는 점차 핵가족, 2인 가구, 나아가 1인 가구로까지 작아졌는데, 과거 대가족이 수행하던 돌봄과 보호의 역할을 해줘야 할 국가와 사회가 불황으로 인해 안전망을 구축하지 못한 상황이 도래했다. 거기에서 오는 압도적인 고립감과 고독함이 1인 가구 예능의 열풍을 불러왔고, 안정된 노년에 대한 비전이 결여된 시대였기에 생의 마지막 불꽃을 태우는 노인들의 세계여행을 통해 대리만족을 꾀했다. 육아를 도와줄 가족 구성원들이 줄어들고 나아가 결혼과 출산을 포기하는 세대가 늘어나자 육아 예능이, 혼자 식사를 하는 이들이 밥상 앞에서 느끼는 쓸쓸함이 커지자 먹방이 유행했다.

성공을 거둔 이들 중 적잖은 이들은 가장 절박하고 불안정한 결핍의 시기에 성장을 거뒀다. 각 분야의 1등을 차지하고 있는 기업 중 15% 이상은 침체기에 1위에 도약했다. 시대가 욕망하는 바를 빠르게 읽어내고, 조금이나마 욕망을 달래어 줄 만한 상품을 시장에 선보임으로써 사람들의 선택을 받은 것이다. 당연한 이야기지만 이러한 기획이 대중문화에만 적용되는 건 아니다. 혼자 온 손님들이 앉을 만한 1인석을 예쁘게 꾸민 맥도날드처럼, 사람들의 사소하지만 간절한 욕망을 기민하게 읽어내는 것이 성공의 비결이 된다.

누구의 욕망을 어떻게 바라볼 것인가

한 이동통신사 광고, 제과점에 들어가 케이크를 산 조진웅은 흐뭇한 말투로 이렇게 말한다. "케이크를 나눠 먹으면서 서로의 마음을 나누기도 하고 추억을 만들어가는 거지. 이 작은 케이크 하나가 흩어졌던 가족을 모으고 마음을 나누고 추억을 만들어주는 놀라운 힘을 가지고 있다, 이 말이야."

글쎄, 꼭 그런 것만도 아니다. 당장 집 근처 제과점을 찾아가보자. 아마 십중팔구 한 사람이 먹기 좋은 사이즈로 자른 조각 케이크를 팔고 있을 것이다. 온 가족이 모두 모여 나눠 먹기엔 좀 작지. 케이크만 그런 게 아니다. 동네 마트에서 1/4 사이즈로 잘려 스티로폼 용기 안에 포장된 수박을 본 적이 있는가? 저걸 누구 코에 가져다 붙이나 싶었으리라. 그 코, 혼자 사는 사람들의 코다.

TV, 우리 시대 가장 압도적인 가족유형이 된
1인 가구의 삶을 들여다보다

지난 2011년 1인 가구의 숫자가 4인 가구를 추월할 때만 해도, 1인 가구가 2인 가구의 자리까지 추월하려면 10년은 더 걸릴 것으로 예견됐다. 예상은 보기 좋게 빗나갔다. 불과 5년 만에 1인 가구는 전체 가구 수의 27.2%인 520만 가구를 차지하며 가장 높은 비중의 가구 유형으로 급부상했다. 혼자 사는 사람들을 안쓰럽고 딱하게 바라보던 사회의 시선도 사뭇 바뀌었다. 앞다투어 열리는 '싱글족' 박람회에선 매년 혼자 사는 사람들의 라이프스타일을 겨냥한 새로운 가전제품들이 등장하고, 가족 대신 반려동물과 함께 사는 삶을 선택한 이들을 겨냥한 반려동물 관련 산업이 빠르게 성장하고 있다. 건설 시장에서도 상황은 크게 다르지 않아서, 1~2인 가구를 위한 도시형 생활주택은 2009년 이래 연 평균 7~8만 가구가 준공되고 있다. 4평 남짓한 방 안에 주방과 화장실을 모두 설치해 사적 공간을 확보해주고 대신 발코니나 복도 등의 커뮤니티 공간을 강조한 송파구 마이크로하우징은 1인 가구 시대 건축의 모범으로 언급된다. 지금 대한민국은 혼자 사는 이들로 가득하다.

　대중문화에서 이런 변화를 가장 먼저 발 빠르게 감지한 이들 중 하나는 MBC 〈나 혼자 산다〉 팀이다. 2013년 설 파일럿 프로그램 〈남자가 혼자 살 때〉로 첫선을 보이고 한 달 후 〈나 혼자 산다〉라는 이름으로 정규편성된 이 리얼리티 예능은 혼자 사는 연예인들이 사는 광경을 주목한다. 자연스레 관람 포인트는 이들이 집에서 청소는 어떻게 하고 살고 밥은 어떻게 챙겨 먹고 살며 외로움은 어떤 식으로 달래고 있는가에 집중된다. 멤버들 중에는 김용건처럼 청소와 요리, 패션과 사교 등 모든 분야에 만능인 사람도 있는가 하면, 서인국이나 육중완처럼 집 안을 쓰레기 하치장 마냥 해놓고 사는 사람도 있지만, 프로그램은 좀처럼 그렇게 사는 게 잘못된 것이라고 다그치거나 결혼이 답이라는 식으로 이야기하지 않는다. 〈나 혼자 산다〉는 혼자 사는 것이 세간의 고정관념처럼 슬프거나 안쓰러운 일이 아니라고, 남들 보기엔 어떨지 몰라도 당사자가 행복하다면 된 것 아니냐고 묻는다.

'정상가족 이데올로기'를 거부하는 시대정신,
그 시대정신을 읽어 올리는 예능

뭐든 당연해진 이후에는 실감하지 못하는 게 당연하지만, 〈나 혼자 산다〉의 성공은 실로 놀라운 것이었다. 혼자 사는 이들의 일상을 신기한 볼거리로 소비하는 것이 아니라, 나만 저러고 사는 게 아니었다며 공감하는 시청자들의 응답이 줄을 이었으니까. 주인공이 결혼을 하거나 유사 가정 안에 편입되는 대신, 친하게 지내는 이웃들과 교류하며 살아가게 된 것 정도로 끝나는 영국영화 〈어바웃 어 보이〉(2002)가 개봉할 때만 해도 "저건 영국 이야기고, 한국에선 어려운 이야기"라는 식의 관람평이 지배적이었다. 그리고 고작 10여년이 지났을 뿐인데, 이제 "모든 인간은 섬이다. 그러나 그 섬은 바다 밑으로 연결되어 있다"는 영화 속 마지막 대사가 어색하지 않은 사회로 진입한 것이다. 불과 몇 년 전까지만 해도 결혼하지 않고 혼자 살겠다는 결혼 적령기 인구에게 '이기적'이라며 손가락질을 퍼부어대던 나라 치고는 눈부시게 빠른 변화다.

〈나 혼자 산다〉가 성공한 이후, 혼자 살아가는 이들의 일상을 주목하는 콘텐츠들이 하나둘씩 고개를 들기 시작했다. 가장 발 빠르게 움직인 건 역시 CJ였다. 2013년 연말에 방영을 시작해 인기를 끌고 시즌 2까지 제작된 tvN 드라마 〈식샤를 합시다〉는 혼자 식당에 들어가 밥을 먹는 게 어쩐지 꺼려지는 탓에 집에서 홀로 밥을 먹어봤던 사람들의 격렬한 공감을 샀다. 왜 짜장면 한 그릇씩은 좀처럼 배달이 안 되는지, 고깃집에 혼자 들어가는 게 왜 영 망설여지는 일인지 토로할 곳을 찾지 못했던 이들이 드라마를 계기로 목소리를 내기 시작한 것이다. 혼밥이라는 유행어가 인터넷을 중심으로 유행하기 시작한 것도 그 무렵의 일이었고, 단체생활을 강조하며 여럿이 겸상하는 걸 기본으로 여기던 한국의 식사문화가 혼밥족들을 대우해주기 시작한 것도 이 무렵이다. 1인석을 구비해놓은 식당부터 3인 이상의 손님은 받지 않겠다고 거절하는 식당들까지, 젊은이들이 모이는 트렌디한 골목들마다 하나둘씩 소규모 손님만 받는 식당들이 늘기 시작했다.

1인 가구의 증가가 엄연한 현실이 된 지금, 대중문화는 그들에게 그 상황을 벗어나라고 이야기하는 대신 1인 가구만으로는 충족하기 어려운 난관들을 극복하는 방법을 같이 고민하기 시작했다. tvN

예능 〈내 귀에 캔디〉는 여러 이유로 혼자 살고 있는 장근석, 서장훈, 지수, 경수진과 같은 연예인들에게 전화를 통해 소통할 만한 친구를 소개해주고, 같은 방송사의 드라마 〈혼술남녀〉는 노량진 고시촌을 배경으로 삶의 다양한 희로애락을 혼자 마시는 술잔에 담아 넘기는 이들의 일상을 들여다본다. O'live가 새로 선보인 토크쇼 〈혼밥할 땐 8시에 만나〉는 혼자 밥을 먹는 연예인들과 함께 혼자 밥 먹기 좋은 식당들에 대한 정보를 나누고 서로의 애환을 달랜다. 전통적인 형태의 가족이 채워주던 자리는 자연스레 친구, 지인, 이웃이 채운다. 매 순간 함께 있는 대신 혼자만의 고즈넉한 즐거움을 즐기고, 대신 필요할 때 서로 상부상조한다.

1인 가구 예능의 증가와 그 반작용,
SBS 〈미운 우리 새끼〉

물론 사회적 조류에 따라 욕망이 발현되는 방향은 한 방향에 국한되지 않는다. 2016년 첫 선을 보인 SBS 〈미운 우리 새끼〉를 보자. 쇼에 등장하는 '미운 우리 새끼' 김건모, 허지웅, 박수홍, 토니안은 모두 혼자 산 경력이 꽤 되거나, 하우스메이트와 안정적인 동거 관계를 유지하고 있다. 그럼에도 이들의 어머니들은 자식들의 삶의 형태를 틀린 것, 안쓰러운 것, 시급히 누군가의 도움이 필요한 것으로 치부하고는, 그에 대한 유일한 대안으로 결혼을 제시한다. 쇼는 놀랍게도 방영을 시작한 지 몇 주 되지 않아 〈나 혼자 산다〉

를 제치고 동시간대 시청률 1위를 기록하는데 성공했다.

1인 가구가 증가하는 시대에 어떻게 이런 일이 가능했던 것일까? 모든 흐름에는 반작용이 있기 때문이다. 정상가족 이데올로기에서 벗어나 1인 가구를 존중해달라는 시대의 욕망이 충족되는 순간, 여전히 자신의 자식만큼은 가정을 꾸리고 살림을 도울 만한 아내의 내조를 받으며 살아가기를 바라는 부모 세대의 욕망 또한 자신을 대변해줄 대리인을 찾게 된다. 어디 가서 잘못 이야기했다가 '시대에 뒤처진 사람' 취급을 받을까 말도 못하는 동안, 부모 세대의 욕망은 더 진하게 응축되었다. 그 틈바구니를 〈미운 우리 새끼〉가 파고든 것이다.

1인 가구 예능이 없었거나, 있더라도 소수의 목소리를 반영하는 것에서 끝났다면 〈미운 우리 새끼〉가 이렇게까지 큰 성공을 거두지 못했을 것이다. 그러나 넘쳐나는 1인 가구 예능의 틈바구니 속에서 이런 욕망을 대변해줄 유일하게 열린 창구는 〈미운 우리 새끼〉였고, 유일한 창구이기에 '정상가정' 모델을 완성하지 못한 채 살고 있는 자식은 나이가 몇이든 간에 성인으로 인정해주지 않겠다는 부모들의 욕망이 더 강하게 터져 나온 것이다.

물론 제작진 중에도 이런 시도가 마냥 호의적인 반응만을 얻지는 못할 것이란 사실을 인지한 이들도 있었을 것이다. 시대에 따른 가족 형태와 라이프스타일의 변화에 사회적인 대안을 고민하자는 1인 가구 예능의 제안을 정면으로 거절하는 쇼니까. 그러나 제작진은 이 같은 부모 세대의 마음을 귀신 같이 겨냥해 〈나 혼자 산다〉와 정면으로 대결을 펼쳤고 승리했다. 부모 세대와 자식 세대 사이의 간극을 메우겠다는 멘트 뒤에, 전통적인 정상가족 모델에 대한 욕망을 과다 대표하는 콘텐츠를 숨겼다. 논란의 여지는 선명하지만, 시대의 욕망이 작동하는 방향을 큰 조류가 아니라 역행하는 작은 지류까지 읽어낸 결과로 거둔 성공이다.

민감한 욕망을 건드릴 땐
한 번 더 고민하라

〈장수상회〉(2014) 시사회를 보러 간 극장, 영화가 시작되기 전 M보
험사의 광고가 상영됐다. 로큰롤 음악에 맞춰 신나게 춤을 추는 노
인의 모습을 담은 광고는 준비만 잘하면 노년도 즐거운 것이라 말
한다. 불과 몇 년 전만 해도 노년보험 상품은 '나이 먹고 아프면 대
책이 있어야 할 것 아닌가' 하는 공포를 주입하는 식의 메시지를 내
세우곤 했는데, 과연 세상이 많이 변했구나 싶었다. 그러고 보니 일
찍이 대중문화에서 노인들이 이렇게 밝게 그려진 적이 있었던가?
흔히 노인은 생의 끝을 눈앞에 둔 사람들로 그려졌고, 많은 작품들
이 그 어둠만을 포착했다. 설령 긍정적인 면모를 강조하더라도 대
체로 그들은 효를 받는 객체나 지혜를 전달해주는 주변인으로 존
재했지, 생을 즐기는 주체로 조명되진 않았다.

　최근 10여 년 사이, 이야기는 달라도 한참 달라졌다. 평균수명 증
가와 출산율 저하로 점점 전체인구 대비 노령인구가 증가하는 마
당에 노년의 어둠만을 게으르게 묘사할 순 없는 노릇 아닌가. 게

다가 이들은 생의 끝이 얼마 남지 않았기에 작은 즐거움조차 더 찬란하고 반짝이는 것으로 받아들인다. 이 극적인 콘트라스트의 효과를 일찌감치 포착한 이들은, 황혼의 절정을 묘사하는 작품들을 발표하기 시작했다.

박진표 감독의 기념비적인 데뷔작 〈죽어도 좋아〉(2002)는 생물학적 나이와 무관하게 애정을 불태우는 커플을 그렸고, 강풀의 웹툰 〈그대를 사랑합니다〉(2007) 또한 영화와 연극 등으로 제작되며 꾸준히 사랑받았다. 나영석 PD는 2013년 화려한 여행지의 풍광과 삶을 회고하는 노배우들을 한 화면에 배치한 tvN 〈꽃보다 할배〉를 선보이며 노인층을 주인공으로 세운 대중문화 콘텐츠의 잠재력을 입증했고, 강제규는 〈장수상회〉로 육체가 노화되고 기억이 흐릿해지는 노년에도 사랑이 가능하지 않을까 질문을 던지며 복귀했다.

노년을 다룬 작품이 더 반짝거리는 이유는
암울한 배경이 콘트라스트를 이뤄주기 때문이다

〈장수상회〉의 전략 역시 노년의 빛과 어둠을 강렬히 대비시키는 것이다. 성칠(박근형)은 혹시 외롭게 죽게 되지 않을까 남몰래 근심하고, 금님(윤여정) 또한 지병으로 연일 쇠약해지지만, 그들은 낙담하는 대신 함께 왈츠를 배우고 놀이공원을 간다. 금님이 성칠과 가고 싶어 하는 곳이 꽃축제라는 점은 다분히 상징적인데, 축제를 화려하게 수놓는 꽃들이야말로 이제 질 수순만 남은 꽃들 아닌가. 그

찰나를 최대한 오래 붙잡아 즐기고 싶은 마음은 〈장수상회〉를 관통하는 주제의식이다. 〈장수상회〉만큼은 아니어도 〈꽃보다 할배〉 시리즈 또한 노년의 어두움을 외면하지 않음으로써 밝음을 강조한다. 이순재는 앞으로 다시 못 볼 광경일 수도 있다는 생각에 유적 하나하나를 더 집중해서 바라본다. 신구는 배낭여행에 나선 젊은 이들의 도전정신과 젊음을 찬탄하고, 박근형은 평생 함께한 아내에게 보여주기 위해 여행지의 풍광을 사진으로 남긴다. 백일섭은 더 건강하게 여행에 임하기 위해 체중을 줄이고 운동을 하며 육체의 쇠락에 맞선다.

물론 이 작품들도 나름의 한계는 있었다. '노화'에 대처하는 과정을 온전히 개인의 책임이나 선의에 의존한다는 점은 노년 예능의 퇴보를 불러왔다. 〈장수상회〉에서 두 노인의 즐거움과 행복을 위해 발 벗고 나서는 건 오롯이 성칠의 고용주인 장수(조진웅)와 그 주변 인물들이다. 구청에서 보낸 복지사는 잠시 등장만 했다가 사라진다. 강풀의 〈그대를 사랑합니다〉가 (비록 주인공 만석의 손녀이긴 하지만) 구청 직원 연아를 등장시켜 국가가 노인들에게 어떤 복지 서비스를 제공할 수 있는지 소극적으로나마 조명한 것에 비하면 〈장수상회〉의 이런 묘사는 오히려 퇴보에 가깝다. 〈꽃보다 할배〉 또한 비슷한 문제를 지닌다.

이 시리즈를 '젊은 짐꾼을 대동하고 며칠씩 해외여행을 떠날 수 있을 경제력이 되는 노인들의 이야기'로 냉소적으로 읽어낸 이들도

적지 않았으니까. 이렇게 개인의 책임이나 선의에 의존하는 것을 '바람직한 노년'으로 그리는 작품이 늘어날수록, 그럴 여력이 되지 않는 이들이 느끼는 상대적 박탈감 또한 함께 커졌다.

갈급한 욕망만을 부각하자 장르 전체가 흔들렸다

작품 내부 혹은 작품이 소비되는 층위에서, 노년의 속성인 '노쇠함'이나 '오래됨'이 생물학적 문제가 아니라 윤리적 문제처럼 받아들여진다는 점도 간과하기 어렵다. 〈장수상회〉 속 동네 사람들은 재개발을 추진하는데, 모두의 열렬한 찬성 속에 오직 성칠 한 사람만 재개발을 반대한다. 재개발 찬성 측의 논리는 '영어 원어민 교사'라거나 '즐비하게 늘어선 아파트 단지와 단지 내 워터 풀장'처럼 부의 증가와 사회적 계급 상승에 초점이 맞춰져 있지만, 〈장수상회〉는 공동체의 해체나 원주민의 이탈 등 재개발의 어두운 점에 대해선 언급하지 않는다. 변화에 반대하는 완고하고 고집 센 노인 대 재개발로 행복한 미래를 누리겠다는 청년 세대의 대립구도로 단순화된 줄거리 속에서, 삶을 꾸려온 터전에서 생을 마무리하고 싶어 하는 성칠의 바람은 그 자체로 공동체에 민폐인 것처럼 묘사된다. 현실을 지나치게 평면적으로 묘사하자 노년이 겪는 고독감은 더 강하게 묘사되고, 그에 대해 이렇다 할 대안이나 고민의 흔적이 묘사되지 않으니 갈증만 더 커진 것이다. 마치 "목 마르시죠?"라고 묻고 물은 건네지 않는 사람처럼.

〈꽃보다 할배〉 작품이 소비되는 과정에서 비슷한 문제가 생겼다. 과체중과 관절의 노화로 오래 걷기 어려워하는 백일섭이 너무 많이 걷는다며 투덜거리거나 목적지까지 도달하지 못하고 중간에 주저앉곤 했던 게 문제였다. 이를 '민폐' 차원으로 받아들인 일부 젊은 시청자들은 인터넷상에 불만을 토로하기 시작했다. "다 같이 힘든데 혼자 무책임하게 군다" "힘들면 (이순재, 신구, 박근형 등의) 형들이 더 힘들지 않겠냐" "만사 귀찮아할 거면 뭐 하러 여행을 간다고 해서 다른 이들의 발목을 잡느냐." 노년의 자연스러운 증상인 육체의 쇠락이 졸지에 윤리적 문제로 비난받은 것이다. 백일섭은 다음 여행을 시작하기 전 운동을 하고 식단을 조절하며 체중감량을 했지만, 그것으로 일행 중 가장 뒤처지는 백일섭에 대한 시청자들의 볼멘소리를 다 잠재울 수는 없었다. 처음 한두 시즌은 손자세대와 할아버지 세대 간의 이해 공백을 메우는 과정이라 할 수 있었겠지만, 세 번째 여행에서도 마찬가지의 반응이 나올 때쯤 네 사람은 더 이상 여행을 떠나지 않게 됐다.

대중문화계에 종사하는 창작자들에게 꼭 현실을 고스란히 반영하거나 대안을 모색하자고 독려할 의무가 있는 것은 아니다. 작품을 통해 재미와 감동을 줬다면 그 선에서 그들의 의무는 끝나는 것이니 말이다. 먹방 예능이나 1인 가구 예능, 육아 예능이라고 이렇다 할 해법을 제시하진 않는다. 그런데 노년 예능은 왜 이런 걸까? 1인 가구 예능이나 육아 예능, 먹방 예능과 달리 노년 예능은 그 육망을 채울 수 있는 시한이 한정적이기에 욕망을 건드릴 때에도 보다 근본적인 지점을 건드리는 노력이 필요했던 것이다.

2013년을 전후로 쏟아져 나왔던 노년의 삶에 대한 콘텐츠들이 점차 그 수가 줄어든 이유가 바로 거기에 있다. 욕망을 대리 충족해주는 콘텐츠를 만들 때에도 그 욕망을 건강하게 풀어내는 방향에 대해서 고민해야 한다. 특히나 노인문제처럼 민감한 부분을 건드릴 때, 기획은 보다 더 생산적이고 조심스러운 방향을 고민해야 한다. 자칫 단기간 내에 욕망을 빠르게 소비해버리고, 기획을 더 발전시킬 여지를 안 남긴 채 완전 연소가 될 가능성이 있기 때문이다.

노화와 죽음에 대해 다룬 작품 중 그나마 동년배 노인들 간의 우정과 연대를 이야기하면서 동시에 독거노인들의 질병과 죽음에 대한 대책 강구를 주문한 작품은 2016년 tvN 드라마 〈디어 마이 프렌즈〉 정도일 것이다. 작품은 노인들이 서로 돌보고 아끼는 과정을 일종의 대안으로 제시했는데, 이는 2010년대 금천구와 사회적 기업, SH에서 공동으로 시행 중인 보린주택 사업(일군의 노인들에게 저렴한 가격으로 쾌적한 주거시설을 제공하고, 입주한 노인들이 서로를 돌보고 이웃해 살아가며 고독사나 우울증 같은 노인 문제를 극복하는 사업 모델)과 비슷한 비전이다. 물론 작품 내에서 이런 사업을 소개하지는 않았지만, 손에 잡을 수 있는 유효한 대안을 암시하고 끝냄으로써 〈디어 마이 프렌즈〉는 시대의 욕망을 건강하게 해소한 작품으로 무사히 마무리될 수 있었다.

2

어떤 욕망인가?
먹고살고 연애하는 것이 꿈인 시대

IMF 관리 체제 이후 길고 오랜 불황을 겪으며, 한국인의 삶은 갈수록 조금씩 황폐해졌다. 부의 양극화가 심해지면서 중산층이란 이름은 흔적만 남았고, 가처분소득은 줄어들고 가계부채만 증가하던 이들은 삶의 윤기를 잃어갔다. 사람들은 가족과 함께 하는 식사를 포기했고, 사랑하는 사람과 함께 하는 연애의 꿈을 포기했고, 마침내 가정을 꾸리겠다는 희망마저 포기했다. 비혼을 원해서 비혼주의자가 되는 것이 아니라 형편이 안 되어 연애와 결혼을 포기하는 이들이 늘면서, 예전엔 너무 당연해 굳이 TV가 욕망의 대상으로 주목하지 않았던 것들이 유효한 콘텐츠로 떠오르기 시작했다.

사람들은 누군가 음식을 맛있게 먹는 광경을 바라보며 마음의 허기를 채웠고, 자기 혼자 식사하고 있다는 외로움을 달랬다. 먹방과 쿡방이 사람들의 감성을 자극하는 콘텐츠로 각광을 받았고, 인터넷에서 시작된 이 열풍은 TV로 옮겨와서 케이블과 종편, 지상파를 순회했다. 그런가 하면 TV 속 연예인들이 가상의 결혼생활이나 재혼생활, 연애나 MT 등을 즐기는 유사 연애 프로그램들이 꾸준히 그 명맥을 이어갔다. 특히 생활에 마모되어 더 이상 설렘이나 두근거림 따위는 없을 것이라 체념하고 사는 중장년층을 대상으로 한 유사 연애 프로그램들은 그 반응이 젊은 연예인들의 그것에 비해 월등히 뜨거웠다. 함께 먹고, 함께 살고, 함께 연애가 시작되는 순간의 두근거림을 누리는 것 자체가 결핍된 욕망이 된 것이다.

물론 그 욕망의 해소는 어디까지나 소비자가 다치지 않을 선에서 통제되었다. 21세기에 등장한 청춘들의 사랑노래에서 엿볼 수 있듯, 세상은 연애에 온 마음을 투자하기엔 너무 험하고 피곤한 곳이 되어버렸다. 사람들은 연애의 두근거림이나 밀고 당기는 수작의 짜릿함은 소비하고 싶으면서도, 마음을 주었다가 감정을 소비하는 것은 두려워했다. 다치지 않을 만큼의 거리를 두는 사랑노래, 연애의 짜릿함을 안전한 자리에서 간접 체험하게 해주는 유사 연애 프로그램, 외로움을 달래는 먹방이 시대의 전면에 떠오르는 과정을 함께 살펴보자.

먹방, 따뜻하거나 음탕하거나

일상적인 일이기에 자주 간과되지만, 먹는다는 건 사실 무척 숭고하고 정서적인 행위다. 당장 먹을 걸 구하는 게 어려운 환경이라고 가정해보자. 먹는 일은 생존을 위해 자기 자신을 돌보는 행위로 격상되고, 타인과 뭔가를 나눠 먹는 일은 생존본능을 억눌러가며 타인과의 공존을 모색하는 일이 되며, 누군가에게 상을 차려준다는 것은 그에게 한 끼어치의 삶을 제공하는 위대한 일이 된다. 과도한 가정일까? 하지만 농사와 경작을 터득하기 전, 인류가 경험한 원초적인 식사란 그런 형태였을 것이다. 식사라는 것의 본질은 그렇게 스스로를 사랑하고 남에게 사랑을 베풀며 타인과 사랑을 나누는 행위다. 가족의 다른 표현인 식구라는 단어부터 '함께 밥을 먹는 입'이라는 의미를 담고 있지 않나.

먹방이 채워주는 정서적인 풍요로움,
혼자 밥을 먹는 이들의 마음을 달래다

그러나 하루하루의 일상 속에서 식사의 정서적 역할은 종종 무시되곤 한다. 일하는 와중에 급하게 해결하는 끼니에 심리적 유대감이 끼어들 틈이 있을 리 없고, 영업을 위해 고객과의 식사 약속을 서너 개씩 잡은 사람에겐 식사가 고통이다. 바쁜 하루가 끝나고 집에 들어와도 가족은 자고 있거나, 식사 시간을 맞추지 못해 따로 식사를 마쳤기 일쑤다. 같이 밥을 먹을 상대가 없는 1인 가구의 경우야 더 말할 것도 없다. 대충 냉장고에서 꺼낸 반찬통의 뚜껑을 열고, 전기밥솥에서 밥을 푸며 시작하는 늦은 저녁은 어딘가 우울하다. 개수대에 그릇을 올리고 물을 틀어놓는 그 짧은 순간 우리는 생각한다. 같이 달갑게 밥 먹어줄 누군가, 사랑을 나눠줄 누군가가 있었으면 좋겠다고.

인터넷 방송 '먹방'과 TV 채널들이 경쟁적으로 선보이는 음식 프로그램들과 같은 '푸드테인먼트'가 새삼 인기를 끈 현상 또한 이와 같은 맥락 위에 있다. 나에게 말을 걸며 무언가를 먹어줄 사람, 화면 너머 나에게 말을 걸면서 정성스레 요리를 해줄 사람. 사람들은 이제 TV 속에서 그 상대를 찾는다. 우리는 배우 윤계상과 권율이 오직 한 테이블의 손님을 위해 땀 흘리며 코스요리를 준비하는 것을 봤고(O'live 〈윤계상의 원테이블〉), 정준하와 그의 떠들썩한 친구들이 함께 맛집을 찾아다니며 음식을 맛보는 것을 함께 했다(Y-STAR 〈식신로드〉). 홍석천의 나긋나긋한 안내를 따라 간 밤의 식당, 영업이 끝난 주방에서 우리를 기다리고 있던 셰프들이 우리를 위해 앞치마를 질끈 묶고 야식을 만드는 것을 보았다(O'live 〈셰프의 야식〉). 비록 화면 속의 음식을 함께 먹을 수는 없지만, 마음만큼은 혼자가 아니라 '식구'가 된다.

여기서 핵심은 흔히 생각하는 것처럼 '화려하게 만들기'나 '많이 게걸스레 먹기'가 아니다. 재료를 고르고 다듬는 과정의 섬세함, 공들여 만든 음식을 최대한 맛있어 보이게 플레이팅을 하는 정성, 그렇게 완성되어 식탁 위로 올라온 음식의 맛을 행여 조금이라도 놓칠까 전심전력으로 맛보고 즐기는 이들의 표정, 사랑이 잉태되고 전달되어 음미되는 일련의 과정이 푸드테인먼트의 핵심인 것이다. 무뚝뚝한 경상도 사투리로 잔소리를 늘어놓으면서도 뚝딱 근사한 요리를 만들어주는 김소희(O'live 〈홈메이드쿡 by 김소희〉) 같은 셰프가 대중의 사랑을 받는 것도, 연예계 소문난 미식가로 알려진 신동엽이 온갖 산해진미를 맛보며(KBS 〈밥상의 신〉과 O'live 〈오늘 뭐 먹지〉) 시청자들을 사로잡은 것도 그런 이유에서였다.

먹방의 이면에 도사린, 욕망을 폭력적으로 충족하는 포르노그라피

그러나 동시에 먹방은 포르노그라피적인 요소 또한 지니고 있다. 나의 가장 원초적이고 내밀한 욕망을 타인이 충족하고 있는 광경을 HD 화면으로 지켜보며 욕망을 대리만족하는 것. 실제보다 더 윤기가 흐르고 매력적으로 찍힌 대상을 소비하는 모습을 다각도로 잡아 전시하고, 환희에 찬 미소를 클로즈업으로 잡아 지켜보는 이

들의 욕망을 부추기는 과정 모두가 사실 고스란히 포르노의 메커니즘이다. HD 화면이 시대의 표준이 된 세상에서, 먹방 속 쌀밥은 실제 밥보다 더 반지르르하고 고기는 더 붉으며 탐스럽다. 남들과 같은 방식으로 먹방을 찍어서는 더 이상 이 자극 경쟁에서 이길 수 없기에 그 양을 한도 끝도 없이 늘린다거나, 더 극단적인 음식을 택하는 식으로 진화해온 것 또한 먹방과 포르노가 공유하는 점이다. 이 사실을 내심 알고 있기에 TV는 비교적 점잖은 방식으로 먹방에 접근했다.

문제는 JTBC가 2016년 파일럿으로 선보인 〈잘 먹는 소녀들〉이었다. 제작진이 밝힌 프로그램의 명목은 체중조절과 바쁜 일정 탓에 제대로 끼니를 챙겨 먹지 못하는 여자 아이돌 가수들에게 마음 놓고 음식을 먹을 기회를 준다는 것이었다. 그러나 동시에 〈잘 먹는 소녀들〉은 세트장을 채운 수많은 방청객들과 네이버 V앱 인터넷 생방송으로 먹방을 시청하는 시청자들을 대상으로 '누가 누가 더 복스럽게 먹나'를 투표할 수 있는 장치를 마련했다. 득표수가 높은 멤버는 토너먼트 형식으로 다음 단계로 진출하고, 다시 10분간 메뉴를 식사를 한다. 덕분에 조금이라도 얼굴을 더 알리고 싶은 아이돌 멤버들은 배가 고프든 부르든 최대한 맛있음을 가장하면서 식사를 해야 하는 상황에 처했다.

아이돌의 입안으로 음식이 들어가는 장면은 극단적인 클로즈업과 슬로모션으로 부각됐고, MC와 패널들은 남이 식사하는 모습을 바라보며 먹는 것에도 훈수를 뒀다. 밤 10시부터 새벽 2시까지 진행된 생방송에서 출연자들은 쉴 틈 없이 먹고 또 먹었다. 출연자들은 짜장면 면발이 퉁퉁 불어서 척 봐도 맛있게 먹기 어려운 상태인 게 뻔해도 마치 천상의 음식을 먹는 것과 같은 리액션을 연출하고, 그 모습을 수많은 남자 방청객들이 환호성을 지르며 지켜보는 스튜디오 한 가운데에서 전시해야 했다. 말하자면 '맛있게, 먹고 싶은 만큼 식사를 하며 행복해하는 나'를 대중 앞에서 연기한 셈인데, 카메라가 잡고 있지 않는 순간 참가자들이 연기를 내려놓고 힘겨워하는 모습도 포착이 됐다.

시대의 욕망을 소모적으로 소비하면
기획은 흔들린다

여성 연예인이 날씬하면서 동시에 잘 먹는 두 가지 상반된 모습 모두를 시선의 주인인 '나'의 욕망에 맞춰 전시하고 유지해주길 바라는 욕망. 이는 상대가 주체성을 포기하고 나만을 위해 움직여주길 바라는 그 욕망은 더도 덜도 아닌 포르노의 욕망이다. 마치 로맨스 영화의 베드신에서 정서와 맥락이 사라지고 시청각적 자극만 부각되면 바로 포르노가 될 수 있는 것처럼, 쿡방과 먹방 또한 정서 대신 누가 더 복스럽게 먹느냐 따지는 감각의 경쟁으로 이어지는 순간 포르노로 돌변한 것이다.

〈잘 먹는 소녀들〉이 이처럼 먹방 뒤에 숨겨진 포르노그래피적 욕망을 지나치게 투명하게 드러낸 이후 이제 먹방 붐은 예전만큼 뜨겁지 않다. 대중이 욕망하는 바를 충실히 대리하라는 주문이 결코 자극의 정도만을 키우라는 뜻으로 해석되어선 안 되는 이유가 여기에 있다. 대중의 욕망이 아무리 간절해 보여도, 그것을 단순히 소모적으로 불사르고 끝나버린다면 기획은 장기적인 생명력을 잃어버린다. 물론 기존 먹방 예능의 열풍이 예전 같지 않은 탓에 무언가를 더해보자는 생각으로 시작된 기획이었겠지만, 지나치게 소모적인 방향으로 접근한 결과 소재 자체에 대한 염증만 자극한 셈이다. 따뜻한 온기가 간절하다고 초가삼간에 불을 지르는 걸 보고도 환호할 만큼 대중이 단순한 존재는 아니다.

사랑하고 사랑받고 싶은 욕망은 세대를 초월한다

앞서 살펴본 것처럼, 대중의 욕망을 타격할 때 구체성이 떨어진 채 모호하게 욕망만 강조하고 끝내면 콘텐츠의 유효기간은 턱없이 짧아진다. 어쩌면 누군가는 "연애 예능은 어떨까?"라고 반문할지도 모른다. MBC 〈우리 결혼했어요〉(이하 〈우결〉) 같은 프로그램이 실제 결혼 생활의 구체적인 문제점을 함께 고민하거나, 결혼을 하고 싶음에도 여러 사정으로 인해 못하고 있는 이들의 욕망을 어떻게 해소하면 좋은지 진지하게 들여다보고 있는 것은 아니다. 그러나 단순히 이런 이유로 노년 예능이나 먹방 예능과는 다르다고 말한다면 조금 논의가 빗겨갈 수 있다. 왜냐하면 〈우결〉의 주 시청자층은 결혼을 하고 싶음에도 여러 사정으로 못하고 있는 이들이 아니라, 결혼 생활에서 증발된 로맨스를 찾는 이들이기 때문이다.

생활 속에서 마모된 결혼의 달콤함을 찾아
〈우결〉을 보는 이들의 심리

혹자는 〈우결〉이 제공하는 판타지의 주 수요층이 20~30대라고 주장하기도 한다. 최근 20~30대가 경제사정 때문에 연애나 결혼을 무기한 연기하는 경향이 심해졌다는 걸 생각해보면, 이 프로그램이 동년배 청춘들엔 미묘한 대리만족의 창구로도 기능하지 않겠느냐는 말이었다.

물론 주 시청층이 10대 후반에서 30대 초반에 걸쳐 있는 건 사실이지만, 그들의 시청 패턴은 판타지의 소비보단 자신이 좋아하는 연예인들을 보는 쪽에 더 쏠려 있다. 오죽하면 "내가 좋아하는 연예인이 다른 이성 연예인과 알콩달콩하는 꼴을 보는 건 괴롭지만, 이 또한 그의 비즈니스니 울며 겨자 먹는 심정으로 시청한다"는 이야기까지 나오겠는가. 〈우결〉이 제공하는 판타지 자체에 더 집중하는 건 오히려 한 세대 위인 40~50대다. 이들은 결혼이 집안 간의 결합이나 후손의 생산을 위한 제도적 편의라는 인식이 차츰 사라질 무렵 '신세대' 혹은 'X세대'로 불리며 사회에 첫발을 디뎠지만, 그러한 인식을 실현에 옮길 무렵 느닷없이 IMF 경제위기가 닥쳐왔기에 그걸 극복하는 데 온 정신을 쏟아야 했던 세대다.

불행하게도 지금의 40~50대에게 가족은 로맨스의 대상보다는 고통을 함께 분담하는 공동체로서의 성격만이 지나치게 강조되어 있다. 이들이 신혼을 시작했을 무렵 IMF 관리 체제가 시작되었고, 자연스레 가정은 낭만이나 즐거움을 도모하는 공동체가 아니라 자기 세대의 생존과 다음 세대로의 바통터치를 위한 공동체의 역할에 집중됐다. 가정의 모든 대소사는 경제난 속에서 생존을 도모하는 데 초점이 맞춰져야 했다.

20~30대처럼 지금의 양극화나 만성적인 패배주의를 익숙한 것으로 받아들이기엔 개인의 삶을 가꾸라는 구호와 경제적 현실이 잠시나마 합치될 수 있었던 '내 집 마련'의 시대의 공기를 너무 많이 마셨고, 이전 세대인 60~70대처럼 '결혼이란 원래 그런 것'이라고 자신을 위로하자니 거대담론이 지나간 자리에서 개인의 삶을 스스로 외치던 X세대의 선두였다. 내가 생각하고 배웠던 결혼이란 이런 게 아니었던 거 같은데, 불혹과 지천명이 되어 돌아보니 지난 세월이 어딘가 너무 억울한 게다. 그렇다고 이제와 다시 좀 살만해졌다고 로맨스를 추구하기엔, 가족이 로맨스의 대상이라기보단 화랑담배 나눠 태우고 함께 전진한 전우처럼 보일 판이다.

〈우결〉은 시작부터 지금까지 결혼생활에 수반되는 이 모든 심란함을 걷어내고, 막 결혼에 골인한 신혼부부의 단꿈만을 예쁘게 포장해 화면 위에 전시하는 데 주력했다. 프로그램이 타격하는 진짜 욕망이 "나도 가정을 이루고 싶다"가 아니라 "나도 잃어버린 신혼의 단꿈을 다시 맛보고 싶다"니까 가능한 일이었다. 화면을 보며 환담을 나누는 MC진의 중심으로 박미선이 오랜 시간 프로그램을 지켰는데, 그게 괜한 기용이 아니었던 것이다. 잠시나마 진짜 '결혼'이 부여하는 책임감과 무게를 벗어버리고 판타지를 즐기라고 독려해줄 동년배 기혼자, 당이 떨어질 때 급하게 초콜릿을 입안에 넣듯 누군가를 사랑하고 다시 사랑받는 감정의 혈중 함량이 떨어질 때 〈우결〉을 함께 보자고 부추겨 줄 사람으로 그 자리에 있었던 것이다.

생존을 위해서만 기능할 것을 강요받던 중년에게,
고통을 날렵하게 도려낸 <님과 함께>가 도착했다

JTBC 〈님과 함께〉는 그 점을 정교하게 겨냥하되 조금은 더 구체적으로 들어간다. 이혼, 사별로 혼자가 된 이들이나 결혼하지 않은 채 중년을 맞이한 이들을 모아 '미리 보는 재혼'이란 콘셉트로 꾸린 〈님과 함께〉는 간단히 이야기하면 '중년판 〈우결〉'이다. 수많은 기혼 40~50대가 겪어야 했던 결혼의 고통스러운 부분들 - 공동명의의 부채 상환이나 부부 중 한 사람의 실직 및 무리한 창업과 실패, 상대 집안의 우악스러운 식구들, 자식 교육의 어려움, 수도권 내에 집을 마련하기 위한 눈물 나는 몸부림과 상대의 외도를 눈감아야 하는 구질구질함 - 을 날렵하게 도려내고, 같이 건강검진을 받으러 가고 상대의 친구들을 만나고 함께 데이트를 가는 등의 목가적이고 낭만적인 풍경만을 남긴 것이다.

비록 프로그램 출범 초기에 제작진이 "재혼 가정이 겪어야 할 현실적인 문제들을 다룬다는 점에서 〈우결〉과는 그 차이점이 명확하다"고 말한 바 있지만, 시즌 2로 넘어오며 프로그램의 초점이 '재혼'이 아니라 '만혼'으로 이동하자 그 차이점마저 사라졌다. 만혼이기에 보다 내 손에 잡히는 욕망이고, 그럼에도 내 삶에 결핍된 욕망만을 귀신같이 충족시킨다.

게다가 그나마 현실적인 문제를 다뤘다는 시즌 1조차 최고 명장면 중 하나로 손꼽히는 이영하와 박찬숙의 마지막 식사 장면쯤 되면 재혼 가정의 현실적인 문제 정도야 무슨 대수랴 싶어진다. 꼬리곰탕을 끓여주자 "이 정성을 후추로 가리고 싶지 않다. 그 마음을 그대로 느끼고 싶다"며 간도 안 한 국물을 묵묵히 떠먹는 남편이라니. 밥상을 차려서 가져다 바쳐도 고마운 줄 모르고 이건 짜네 이건 싱겁네 하며 젓가락을 깨작거리는 상대를 보다가 TV 속 이영하를 보면, 그 누구라도 그간 내게 이런 부분이 있단 사실조차 잊고 살았던 여린 속살을 다시 발견하게 되는 것이다.

'아, 우리 나이에도 가능한 거였구나.' 저런 작은 낭만이, 사소하지만 섬세한 배려가, 서로를 그저 지극히 아껴주며 함께 걸어가는 동행이. 지금의 40~50대의 삶에서 삭제된 부분, 충족되지 못한 채 방치된 욕망이 바로 거기에 있다. 생존을 위해서만 기능할 것을 강요당하던 이들이, "이 나이에 간지럽게 뭐 그런 걸"이라 치부했던 제 몫의 행복을 원하기 시작한 것이다.

기획은 진화한다, 남의 소꿉놀이에서 나의 소꿉놀이로,
다시 선택할 수 있는 대안으로
중년들의 '친구 만들기'를 메인 메리트로 내세운 SBS〈불타는 청춘〉은 이보다 한발 더 나아간다. 일군의 싱글 중년 남녀 연예인들을 데리고 교외로 놀러 나가 즐거운 시간을 보낸 뒤 매회 매력남과 매력녀를 뽑는 〈불타는 청춘〉은 겉으로는 김국진-강수지나 양금석-김도균 커플로 대표되는 중년의 '썸'을 무기로 내세운 것 같지만, 조금만 더 깊이 들어가면 진짜 '먹고사느라 못하고 살았던' 일들을 새로 사귄 친구들과 함께하며 누리는 즐거움에 집중하는 프로그램이란 점을 알 수 있다.

"방송 녹화 때문에나 와봤지, 한 번도 내가 놀려고 놀이공원에 와 본 기억이 없다"는 김국진이 동년배 친구들과 신나게 놀이기구를 타며 아이처럼 즐거워하는 모습이나, 잠에서 덜 깬 김완선이 집 앞마당 평상에 앉아 김도균의 기타연주를 들으며 졸린 눈을 비비는 광경, 남에게 음식을 해주는 걸 즐기다 못해 식당까지 차렸다는 서태화가 해물 풀코스를 차리는 동안 그 옆에 서서 음식을 집어먹으며 두런두런 나누는 친구들의 환담 같은 것들은 그리 대단한 판타지가 아님에도 보는 이들을 울컥하게 만든다.

말하자면 사랑하고 사랑받는 젊은 애들을 보며 욕망을 대리 충족하던 단계(〈우결〉)를 지나, 내 나이 또래 사람들이 신혼을 즐기는 단계(〈님과 함께〉)를 거친 뒤, 마침내 내가 마음만 먹으면 도전해볼 수 있는 친구들과의 친교(〈불타는 청춘〉)라는 구체적인 욕망 실현의 단계로 기획이 발전한 셈이다. 하려고 마음먹으면 못할 것도 없을 만큼 간단하지만, 그럼에도 먹고사는 과정 속에 우선순위에 밀려 자연스레 생략되고 퇴화된 욕망들 아닌가.

좋은 사람들과 즐거운 시간을 보내고 친교를 다지는 것. 자식 교육을 위한 학원 정보를 얻기 위해서라거나 좋은 주식 정보를 얻기 위함 같은 목적을 지닌 친교가 아니라, 그저 친교 그 자체를 위해서만 존재하는 친교. 물론 그 속에서 김국진이나 강수지처럼 누군가 날 좋아하는 것 같다는 간질간질한 썸의 기운을 느끼고 나아가 커플 탄생으로 연결되는 이들도 있지만, 김일우처럼 고정된 짝도 없거니와, 좌골신경통이 끊임없이 괴롭히는 사람에게도 이 여행은 썩 해볼 만한 것으로 묘사된다. 〈님과 함께〉와 〈불타는 청춘〉을 관통하는 핵심은 썸이나 연애, 재혼이 아니라, 생존에 매몰되지 않고 서로를 배려해줄 수 있는 누군가와 함께 하는 '즐거움'이니까.

감정소모를 두려워하는
이별노래에 담긴 청년 세대의 자화상

40~50대가 사느라 마모된 로맨스를 다시 찾는다면, 진짜 연애를 하고 싶어도 사정 때문에 못하는 젊은 세대들은 조금 사정이 다르다. 사상 최악의 취업난과 학자금 부채 상환, 끝이 없는 스펙 경쟁 따위에 이미 온 마음을 다 소모한 탓에 연애에까지 감정을 소비할 여력이 안된다는 이들, 연애를 하고 싶어도 감정 소비는 두려운 젊은 세대들에게 대중문화는 조금 다른 방향으로 접근했다. 똑같이 사랑하고 사랑받고 싶은 욕망을 건드리더라도, 타깃층이 현재 어떤 상황에 직면해있는지 구분해서 다르게 공략한 것이다.

2014년 봄, HIGH4와 아이유가 함께 부른 노래 '봄 사랑 벚꽃 말고'는 이별을 겪은 화자의 마음을 이렇게 묘사한다. "길었던 겨우내 줄곧 품이 좀 남는 밤색 코트, 그 속에 나를 쏙 감추고 걸음을 재촉해 걸었어." 가슴이 찢어진다거나 숨이 막힌다거나, 급기야 너와 결혼까지 생각했었는데 이별 탓에 다 물거품이 됐다는 투의 처절한 절규는 자취를 감췄다. 그 자리는 이제 "봄 사랑 벚꽃 말고" 다른 이야기가 듣고 싶다는 덤덤한 감상이 대체했다. 물론 지금의 20대들이라고 절절한 이별노래가 없었던 건 아니다. 태양의 '눈 코 입'이 있었고, 에픽하이의 '헤픈 엔딩'이 있다. 하지만 이렇게 이별의 상처가 적당히 아물어갈 무렵, 충격은 잦아들고 마음은 괜히 싱숭생숭 간지러워지는 시기를 콕 집어내어 묘사한 노래는 '봄 사랑 벚꽃 말고'가 처음이었다. 엉엉 우는 모습을 노래하는 건 어딘가 민망하다는 듯, 아픔은 품이 큰 밤색 코트 안에 쏙 감춰버리고 시치미를 떼는 사랑노래가 등장한 것이다.

슬프지만 울지 않고, 간절하지만 티 내지 않는
안전한 사랑노래들

그에 앞서 2014년 1/4분기 최고의 히트곡 '썸'이 있었다. 연인도 아니고 친구도 아닌 어정쩡한 관계는, 소유와 정기고가 달달한 목소리로 "내 꺼인 듯 내 꺼 아닌 내 꺼 같은 너"라고 귓전에 속삭인 순간 낭만적으로 즐길 만한 무언가가 되었다. 20년 전쯤이었다면 애타는 마음을 채 못 가눠 이럴 바엔 관두자고 말했을 사이다. "사랑보다 먼 우정보다는 가까운 날 보는 너의 그 마음을 이젠 떠나리. 내 자신보다 이 세상 그 누구보다 널 아끼던 내가 미워지네."(피노키오, '사랑과 우정 사이')

어디 그뿐이랴. 같은 해 여름 내내 길거리를 수놓았던 레이나와 San E의 '한여름밤의 꿀'을 보자. 화자는 "무더운 밤, 잠은 오지 않"

아 "이런저런 생각에" 오랜 친구를 불러봤는데 그렇게 바로 "나올 줄 몰랐"단다. 이런저런 농담과 안부가 오가다 대화가 가지를 뻗는다. "예전에 나 너 좋아했던 거 알아? and you said 'I know'. 나 좀 취했나 봐, 헛소리 신경 쓰지 말고". 이렇게 오랜 친구가 연인이 되는 과정을, 20여 년 전엔 이렇게들 노래했다. "눈이 오던 어느 겨울 밤 나는 많이 취했었고 울었었지. 이젠 알아 너의 그런 맘. 그땐 아무것도 몰라 웃었지만."(이승환&강수지, '그들이 사랑하기까지')

조금이라도 가슴 아픈 일은 피하고 싶은 젊은 세대의 고단함을 이해하는 이들은, 이처럼 연인이 되는 과정, 이별 뒤 아픔을 달래는 수순에 이르기까지 연애의 모든 단계에서 감정이 깊어지는 걸 조심하는 방향으로 기획을 조율해 왔다. '노동'이란 단어 앞에 '감정'이란 단어가 따라 붙는 시대, 이제 서점의 자기개발서 코너에 감정을 다스리고 콘트롤하는 방법을 일러주는 서적들이 꽂혀 있는 광경이 낯설지 않다. 안 그래도 연애와 결혼은 사치라며 포기하는 이들이 난무하는 세상이니, 마음 다치지 않을 안전한 거리를 재어가며 연애에 조심스레 임하는 건 차라리 자연스러운 결과다.

해서 1990~2000년대 한국 대중문화가 사랑 하나에 목숨을 걸고 영원을 이야기하는 감정과잉의 연애를 즐겨 그렸다면, 2010년대엔 연애에 필요한 감정 소모를 최대한 줄이고 감추고 피하는데 주력한다. 노래에선 눈물이나 영원, 약속과 절규가 사라지고, 연애의 다음 행보를 스스로 판단하고 결단하지 못하는 이들은 연예 상담 TV

프로그램에 상담을 청한다. 자연스레 "사랑은 비극이여라, 그대는 내가 아니다"(이소라, '바람이 분다') 같은 절창이 나올 자리는 줄어들었다.

타깃 대중의 욕망을 최대한 그들의 눈높이에서 바라보라

이별은 쓰디쓴 게 아니라 달콤쌉쌀하고, 상대의 마음을 떠보는 과정은 최대한 가볍고 뽀송하게 묘사된다. 실제 연애의 고통스러운 부분들을 바지 밑단 접어 넣듯 말끔하게 감춘 이 새 시대의 사랑노래들은 조금이라도 가슴 아픈 일은 피하고 싶은 젊은 세대의 고단함을 정확히 캐치해내는 데 성공했다.

물론 이러한 시대의 흐름을 읽지 못하는 이들은 "조금이라도 손해 볼 일은 피하려고 하는 영악한 태도"라는 식의 비평을 일삼았지만, 젊은 세대의 욕망을 훈수나 계도의 대상으로 생각하는 대신 같은 눈높이에서 바라보려 노력한 이들은 시류를 정확하게 읽고 성공적인 기획을 선보일 수 있었다. 대중의 욕망을 이해할 수 없다고 고개를 젓는 대신, 최대한 그들의 입장에서 바라본 것이다.

그 어떤 종류의 욕망도 당대의 삶의 형태로부터 자유롭지 않지만, 실망과 기대, 대화와 타협, 적응과 노력을 반복해야 하는 연애는 어쩌면 삶 자체와 가장 많이 닮았는지도 모른다. 그렇다면 2010년대의 연애 또한 2010년대의 삶이 어떤가에 따라 다른 모양새를 띨 수밖에 없다. 사랑이나 희망, 도전 등 우리가 그 의미를 명확히 알고 있다 생각하는 개념들은 언제나 시대상의 변화와 함께 새롭게 음미될 필요가 있다. 그렇지 않으면 트렌드가 의미하는 바를 오독할 수밖에 없으니 말이다. 똑같은 욕망이 2010년대엔 세대마다 다른 방식으로 표출되고 새롭게 정의될 수 있다는 사실을 잊지 않은 이들만이, 자신들이 생각한 개념 안에 갇히지 않을 수 있었다.

3

어디로 향하는 욕망인가?
한국의 영원한 트렌드, 복고

어릴 적 기억 중 유달리 선명하게 떠오르는 장면이 하나 있다. 초등학교 1학년 때 친구와 학교 복도를 걸으며 나눈 대화였는데, 지금 생각해보면 기가 찬다. 쉬는 시간 함께 화장실을 갔다가 돌아오는 길, 여덟 살의 나는 비장하고 피로한 말투로 친구에게 이렇게 말했던 것이다. "역시 유치원 때가 편했던 거 같아. 수업시간에도 화장실 막 다녀올 수 있고, 건물도 작아서 돌아다니기 편했는데. 초등학교는 모든 게 복잡하고 혼란스러워." 고작 여덟 살 먹은 아이가 세상에 대해 알면 뭘 안다고 좋았던 과거를 회고했던가 싶다가도, 만 7년이 인생 전부였던 소년에겐 유치원에서 초등학교로 올라가는 과정 자체가 큰 스트레스였구나 하고 피식 웃게 된다.

사람의 마음이란 간사한 법, 모름지기 오늘이 불안하면 내일에

희망을 거는 대신 좋았던 과거를 회고하게 되어 있다. 내일의 전망은 불확실한 도박이라 불안한 반면, 과거의 회고는 내가 선택적으로 좋았던 시절만을 골라서 회고하기 용이하니까. "내가 자네 나이때에는"이라며 20대 시절을 회고하는 중년은 얼마나 많고, 이런저런 책임에서 자유로운 비혼 시절로 돌아가고 싶은 기혼자들은 또 얼마나 많은가. 하물며 여덟 살의 나조차도 과거를 그리워했다. 기억을 윤색하고 의도적으로 생략해가면서, 우리는 과거를 이상적인 모양새로 정해놓고 애틋하게 기억하는 것으로 불안한 오늘을 달랜다. 추억만큼 저렴하고 안전한 엔터테인먼트가 어디 있단 말인가.

　문제는 이런 식의 과거지향적인 사고가 개개인 차원에서 이뤄지고 끝나는 게 아니라 한 시대를 지배할 때 일어난다. 그건 그 시대를 살아가는 대부분의 사람들이 당대를 불안정하다고 느끼고 있다는 의미이고, 미래에 대한 사회적 전망 또한 불확실하다는 뜻이니까. 이 챕터에서는 한국의 대중문화가 꾸준히 복고 콘셉트를 호출하고 반복해서 소비하는 과정을 살펴볼 것이다. 특히나 비교적 가까운 과거였던 1990년대조차 추억의 대상으로 포섭되기 시작한 2010년대의 일련의 흐름, MBC 〈무한도전〉 '토토가'와 tvN 〈응답하라〉 시리즈의 흐름을 함께 주목하며 읽다 보면, 한국의 대중문화 기획자들이 당대 대중의 불안을 달래기 위해 얼마나 가까운 과거까지 호출하는지 살펴볼 수 있다.

심리적 불안을 잠재워줄 상품으로서의 과거

1990년대가 회고와 복고의 대상으로 호출되기 시작한 것은 언제
부터였을까? 따지자면 1990년대 노래들을 논스톱 리믹스한 트랙
들을 틀어주던 SBS 러브FM 〈DJ처리와 함께 아자아자〉까지 거슬러
올라갈 수 있겠지만, 결정적인 순간을 꼽자면 홍대입구에 클럽 '밤
과 음악 사이' 2호점이 개점했던 2008년일 것이다. 〈DJ처리와 함께
아자아자〉가 택시나 버스 등의 운수노동자들을 주 청취 대상으로
삼은 라디오 프로그램을 통해 그 잠재적 시장성을 확인했다면, '밤
과 음악 사이' 2호점의 개점은 1990년대를 추억으로 소비하는 계층
이 보다 폭넓게 퍼져있음을 확인하는 계기가 되었기 때문이다. 아
직 과거를 회상하기엔 턱도 없이 젊어 보이는 30~40대들이 한데
모여 지난 세기를 풍미했던 듀스와 쿨과 유승준의 1990년대 히트
곡들에 맞춰 춤을 추고 열광하는 광경을 본다면 누구라도 영감을
얻었을 것이다. tvN 〈응답하라〉 시리즈를 연출한 신원호 PD 또한
'밤과 음악 사이'에서 술을 마시다가 영감을 얻어 드라마를 기획하

게 되었다고 밝힌 바 있고, 2014년 말을 달군 MBC 〈무한도전〉 '토요일 토요일은 가수다' 기획 또한 '밤과 음악 사이'의 자장에서 자유롭지 않다.

모든 과거는 아름답게 포장되어 복고 상품으로서의 가능성을 재차 확인한다지만, 1990년대가 본격적인 추억 회고의 대상이 될 것이라고 예상한 사람은 그리 많지 않았다. 역사를 10년 주기로 나눠 셈할 때 1990년대는 그 앞의 세월과는 달리 한국의 대중문화계가 본질적으로 체질변화를 겪은 시기이기 때문이다. 음악계에서는 윤상, 신해철, 이승환, 서태지, 이현도, 정석원, 윤종신, 김동률, 이적, 장필순, 이소라 등의 새로운 아티스트 세대가 등장해 전과 다른 완성도의 음악세계를 보여줬고, H.O.T.를 위시로 본격적인 K-POP 아이돌이 대중음악 전면에 등장하기 시작했다. 이전까지 성인가요가 주류를 이루거나 최소한 양분해 가져가던 음악 차트가 젊은 세대의 취향으로 완전 도배되기 시작한 것도 1990년대이고, 음악 좀 듣는다 하는 이들을 흡수해가던 팝송 시장이 한국 대중음악에 밀려 그 규모가 줄어들기 시작한 것도 1990년대다.

영화나 TV도 마찬가지였다. 영화에선 〈쉬리〉와 〈접속〉이 새로운 세대의 한국영화의 개막을 알렸고, TV에선 김영희 PD와 노희경 작가, 송지나 작가가 대중과 만났다. 김국진과 신동엽, 강호동이라는 새 시대 예능인들이 등장한 것도, 코미디언들이 전문 MC의 영역을 흡수한 것도 모두 1990년대였다.

1990년대의 문화를 회고하는 게 아니라, 1990년대의 안정적인 감각을 회고하는 것

새 시대의 문법을 완성한 10년이었기에 1990년대의 수명은 그 시기가 끝난 이후에도 오래 지속되었다. 산업으로서의 아이돌 문법, 흑인 음악과 댄스 중심으로 재편된 가요계, 신동엽이 올려놓은 전문 MC 예능인의 위상 등은 죄다 1990년대의 산물이고, 아직도 크게 흔들리지 않은 한국 대중문화 산업의 근간이다. '장기 1990년대'라는 표현도 과언이 아닌 상황, 그런 의미에서 1990년대가 복고성 상품으로 돌아온 것은 확실히 이른 일이었다. 그럼에도 한국의 1990년대가 복고 상품으로 개발될 수 있었던 것에는 현재에 대한 피로와 염증이 그 바탕이 됐다.

지난 20년 사이 금융 시장이 개방되고 안정적인 호봉제가 무너지며 무한경쟁체제가 도입되었다. 의학의 발전으로 과거와는 달리 30~40대는 중년이 아닌 청년으로 호명되지만, 정작 선배 세대처럼 '전성기'라 할 만한 시절 한번 누려보지 못한 채 높은 피로도와 미래에 대한 공포 속에 살고 있다. 이들은 대중문화적으로 장기 1990년대에 살고 있지만, 심리적으로나 경제적으로는 1990년대의 반짝 풍요가 선사했던 삶의 안정성이 철저히 무너진 상태에서 살고 있는 세대인 것이다. 즉 이들이 향수를 느끼는 것은 1990년대의 문화 콘텐츠 자체가 아니라, 1990년대의 삶의 방식인 셈이다. 그리고 대중문화 기획자들은 이 지점을 영악하게 포착해냈다. 단순히 1990

년대의 대중문화 콘텐츠를 들이미는 것에서 끝나는 것이 아니라, 오늘이 얼마나 피로한지를 강조한 것이다.

2012년 개봉한 영화 〈건축학개론〉에서 건축 디자이너 승민(엄태웅)의 오늘은 피로하기 짝이 없다. 월급은 박봉이고 퇴근시간은 확실치 않으며, 건축주의 입맛에 맞추기 위해 건축사무소에서 새우잠을 자야 하는 날들의 반복이다. 한국에선 미래가 보이지 않는 서른여섯의 그에게, 내일의 계획은 젊고 부유한 연인(고준희)과 결혼해 미국으로 건너가 집을 마련하고 유학을 하는 것이다. 건축을 의뢰하러 온 서연(한가인)의 오늘 또한 황량하긴 매한가지다. 자신이 꿈꿨던 아나운서로서의 미래는 오래 전에 사라졌고, 사랑 없이 한 결혼은 이혼으로 끝났으며, 이제 병든 아버지를 모시고 제주에 내려가 간병을 하며 살아야 하는 처지다. 부양해야 할 아버지가 있으니 이혼은 거액의 위자료를 뜯어내는 지난한 과정이 동반되었고, 그런 사정도 모르는 승민은 말끝마다 틱틱대며 시비를 건다. 제주로 가는 공항에서 각자의 불행한 오늘을 과시하듯 겨루던 두 사람은 끝내 바닥을 드러낸다. "내가 평생 엄마 모시고 살아? 집세에 생활비, 먹고 사는 거로도 빠듯해. 네가 뭘 알아?"(승민) "아 씨발 다 좆같애!"(서연)라는 울부짖음은 그들이 견뎌야 할 오늘의 삶이 얼마나 황량한지를 함축적으로 보여준다.

그래서 그들은 1996년을 회고한다. 아직 모든 가능성들이 열려 있었던 낙관적인 시기, 펜티엄 컴퓨터와 삐삐와 소니 CD플레이어와 게스 티셔츠, 소나타Ⅱ로 대표되는 소비자본주의가 활짝 만개한 시기, 가장 큰 고민이라고 해봐야 내가 좋아하는 사람이 날 좋아해줄까 정도가 전부였던 시기로. 어떤 추억을 기분 좋게 회고하기 위해 과거로 돌아가는 것이 아니라, 불안한 오늘과 대비되는 과거이자 그때 다른 선택을 했더라면 지금쯤 우린 사뭇 다른 오늘을 살게 되지는 않았을까 싶은 과거로 돌아가는 것이다. 물론 〈건축학개론〉은 모든 게 서툴렀기에 상대를 멋대로 오해하고, 그 오해에 취해 상대를 '쌍년'이라고 몰아세웠던 젊은 날을 반성할 기회를 잡은 남자의 이야기다. 그러나 영화가 소비되는 양상은 분명 달랐다. 전람회의 '기억의 습작'과 수지의 얼굴을 통해 한껏 미화된 과거는 피로한 오늘의 대립항으로 존재했고, 사람들은 좋았던 1990년대를 회고하기 바빴다.

단순히 1990년대를 재현하는 데 그치자,
기획의 생명력이 극도로 짧아졌다

복고로서의 1990년대를 기획한 이들은 이 점에 주목했다. 1990년대를 풍미했던 가수들을 불러 모은 〈무한도전〉 '토토가' 특집은 현재와 과거 사이의 맥락을 최대한 지우려 노력했다. 무대 설치부터 카메라워킹, 자막스타일과 가수들의 의상까지 철저하게 1990년대를 고증해낸 '토토가'는, 정작 그래서 1990년대가 어떤 시절이었는지, 1990년대가 우리에게 물려준 것은 무엇이며 당대를 풍미했던 가수들이 왜 오랫동안 무대를 떠났어야 하는지에 대해서는 말을 아꼈다. 물론 일찍 가정을 꾸려서 육아에 전념하느라 무대를 떠났던 S.E.S.의 슈라거나, 소속사와의 불화로 팀을 떠난 터보의 김정남의 사연처럼 개인사적인 층위에서 소비될 만한 이야기들은 소개가 됐다. 그러나 2000년대 음반시장의 몰락과 산업의 고도화, 음원 중심 시장으로의 재편에 적응하지 못한 이들이 급하게 대중 앞에서 사라져간 과정은 설명되지 않는다. '토토가'는 그저 '타임머신'을 타고 1990년대로 돌아가는 쾌감에만 집중했고, 덕분에 당대를 기억하는 이들의 열광적인 환호를 받았다.

앞서 먹방 예능이나 노년 예능이 그 소재의 수명을 잃은 과정에서 살펴봤던 것처럼, 복고 콘텐츠 또한 현재에 대한 입장이나 과거를 바라보는 관점이 생략된 채 표피만을 소모적으로 활용하면 그 수명이 짧아질 수밖에 없다. 폭발적인 인기를 끌며 '별이 빛나는 밤에', '밤이면 밤마다' 따위의 유사 업소들을 낳았던 '밤과 음악 사이'의 성장세는 예전 같지 않고, 음악이 아니라 처음 보는 이와의 유흥을 기대하고 오는 남자 손님들로 점차 그 물이 흐려지고 있다. 공들여 1990년대를 재현한 것까진 좋았으나, 재현과 추억을 넘어서는 다른 가치 창출에 실패한 결과다. 세금을 아끼기 위해 유흥시설이 아니라 일반 음식점으로 등록을 했다가 뒤늦게 건대점에 4억 4천만 원, 홍대입구점에 3천만 원의 세금을 부가받기도 했다.

'토토가'에 출연했던 가수들이라고 사정이 크게 다르진 않았다.

출연한 가수들 중 적잖은 팀들이 '토토가'의 인기를 동력으로 활동을 재개했지만, 오랫동안 컴백을 공들여 준비해 2016년이라는 맥락 위에서 새로운 모습을 보여준 엄정화나 S.E.S. 정도가 성공적인 평가를 받으며 활동을 했을 뿐, 단순히 추억을 곱씹고 과거의 좋았던 모습을 재연하는 수준에 그친 이들은 이벤트성 반짝 활동으로 만족해야 했다.

당대를 불안하게 여기는 이들의 심리를 겨냥해 삶의 감각이 아직 안전하던 시기인 90년대를 판매하는 것은 분명 잠재력이 가득한 기획이었다. 그러나 〈건축학개론〉처럼 과거와 현재가 상호 대화하며 의미를 완성해가거나, 엄정화나 S.E.S.가 그랬던 것처럼 과거에 머무르지 않고 앞으로 나아간 모습을 보여주는 게 아니라면, 소재로서의 1990년대는 금방 말라붙고 만다. 특히나 먹방 뒤에 어린 '혼자밥 먹는 일이 외롭다'는 욕망이나 육아 예능 뒤에서 작동 중인 '화면으로라도 예쁜 아이를 보고 싶다'는 욕망과 달리, 불안한 현재에 대한 위로로서의 복고는 조심스럽게 접근해야 하는 욕망이었다. 마치 욕망을 채울 수 있는 시한이 한정적이기에 더 조심스레 접근해야 했던 노년 예능처럼, 시대 전체를 건드리는 복고 예능 또한 당장 현재가 총체적으로 고통스러운 이들을 대상으로 하고 있기에 더 신중하게 접근해야 했던 것이다. 언제까지나 과거 회고에 머물러 있을 수 없는 사람들에게, 끊임없이 테마파크처럼 잘 박제되어 구현된 1990년대를 구매해달라고 손을 벌릴 수는 없는 노릇 아닌가.

욕망을 착취하는 게 아니라 이해하는 기획

tvN 〈응답하라 1988〉(2015~2016, 이하 〈응팔〉)이 아직까지 기획 단계이던 시절, 나를 비롯한 주변 사람들은 모두 비슷비슷한 우려를 안고 있었다. tvN의 주력 시청자층인 20~30대와는 세대적으로 조금 거리가 있는 연배들의 청춘 이야기 아닌가. 연출자 신원호 PD도 비슷한 생각을 했는지, 본격적인 이야기가 시작되기 전 방영된 0화 시청률이 예상보다 높게 나오자 "조용히 망하기는 글렀다"라고 말했단다. 3연타석 홈런이 과연 가능한 일일까. 이우정 작가와 신원호 PD의 전작인 〈응답하라 1997〉(2012, 이하 〈응칠〉)과 〈응답하라 1994〉(2013, 이하 〈응사〉)과는 달리 회고해야 할 과거가 훌쩍 뒤로 넘어갔고, 따라서 손짓을 해야 할 타깃층의 연령대도 1971년생들로 훌쩍 올라갔다. 게다가 이미 앞선 두 편의 시리즈를 통해 피동적인 여주인공과 폭압적인 가부장, 과거를 마냥 좋은 시절로만 응시하는 회고적인 시선, 주인공의 남편이 누군지 찾는 추리 플롯, 〈H2〉와 〈러프〉 등 아다치 미츠루 작품의 핵심 테마를 은근슬쩍 가져다

쓰는 공식까지 모두 드러난 상황에서, 〈응팔〉은 어떤 식으로 소비
자층에게 손짓할 수 있었을까?

생활사 위주의 세밀한 고증으로 시대의 공기를 재현하다

〈응답하라〉 시리즈가 호출하는 기억들은 언제나 시대상에 대한
조밀한 고증과 복원을 통해 이루어졌다. 〈응칠〉은 H.O.T. 콘서트
티켓을 예매하기 위해 부산 제일은행 앞에 줄을 서던 소녀 팬들의
장사진을 통해, 〈응사〉는 삐삐 전화 사서함 인사말을 근사하게 꾸
미기 위해 스테레오 카세트 데크 앞에 앉아 있던 대학생들을 통해
생활의 감각을 보여준 바 있다. IMF나 삼풍백화점 붕괴 등의 정치
사회적 사건들은 배경으로 소비되거나 언급 수준에 그치고, 이런
거시적 이슈 대신 미시적인 생활상을 담아내는 데 더 많은 공을 들
여 시대의 공기를 재현해내는 것이다. 이렇듯 역사적인 이슈에서
한발쯤 발을 떼는 자세는 〈응답하라〉 시리즈가 비판을 받는 주된
이유이기도 하지만, 동시에 생활에 충실했던 서민들의 눈높이에서
생활사를 꼼꼼하게 복원함으로써 자연스레 시대의 공기를 보여주
는 효과도 지닌다.

〈응팔〉 또한 마찬가지의 전략을 취했다. 구체적인 경제지표를
이야기하는 것이 아니라 200원짜리 아이스크림콘이 '비싸다'는 이
야기로 슬며시 물가를 언급하고, 동네 어귀 평상에 앉아 함께 나물
을 다듬는 동네 주부들의 수다 속에 아직까지 마을 공동체가 붕괴

하기 전의 시대 분위기를 담아낸다. 중산층의 급부상으로 본격적으로 빈부격차가 생겨나던 시대의 풍경은 탈주범 지강헌이 남긴 "유전무죄, 무전유죄" 발언보단 '마이마이'를 사줄 여력이 없는 집안 사정을 알기에 목숨 걸고 수학여행 장기자랑을 준비해 상품을 받으려는 주인공 덕선(혜리)의 고뇌를 통해 드러나고, 권위주의 정부의 폭력은 1988 서울 올림픽 준비 과정에서 국가가 철거민들을 향해 휘둘렀던 폭력이 아니라 선도부 선배가 행사하는 사적 폭력과 운동권 학생인 덕선의 언니 보라(류혜영)의 행보를 통해 조심스레 은유된다.

1988년은 지금의 30대 초반 또한 아슬아슬하게 기억하는 과거라는 점도 보다 쉬운 공감을 자아내는 요소였다. 극중 선우(고경표)의 늦둥이 여동생 진주(김설)의 나이는 여섯 살, 〈응칠〉의 주인공들보다 두 살 아래다. 말하자면 〈응칠〉을 보며 열광했던 세대나 〈응사〉를 보며 저게 내 이야기라 말했을 이들에게, 〈응팔〉은 보다 어렸을 유년 시절에 대한 기억으로 작용했다. 텔레비전이 아니라 '테레비'라고 읽어야 그 느낌이 살 것 같은 금성 브라운관 TV에서부터 동네마다 하나씩 있던 이동식 목마 놀이기구, 자를 가져다 대고 연신 쳐가며 놀았던 오락실, 저녁 6시가 되면 울려 퍼지던 엄마들의 "아무개야 밥 먹어라" 타령, 다이얼을 돌려 걸었던 로터리식 전화처럼 유년기의 일상을 채울 법한 요소들은 1980년대 생들에게도 그 소구력이 있었다.

청춘물에서 홈드라마로, 타깃층에 맞춰 장르를 변경하다

물론 생활사 위주의 조심스러운 접근만으로는 19.6%라는 케이블 역대 최고 시청률이나, 10대부터 40대에 이르는 다양한 연령대의 여성 시청자층으로부터 고르게 20% 이상의 시청률을 끄집어낸 것을 설명하는 건 불가능하다. 후반으로 가면서 난장판으로 마무리된 스토리라인에도 불구하고 〈응팔〉이 이렇게까지 높은 시청률을 기록하게 된 것에는 분명 전작들과는 다른 요인들이 있다.

가장 먼저 눈에 들어오는 건 청춘물에서 홈드라마로의 장르 변화다. 이는 〈응팔〉이 주인공으로 내세우고 있는 지금의 40대와 그 이상을 고려한 변화다. 방송이 시작되기 전에는 한국 나이로 45세~46세에 접어든 〈응팔〉 세대가 tvN의 주력 시청자층이 아니기에 전작만큼의 흥행은 어려울 것이라 생각한 이들도 많았지만, 그건 오늘날의 40대를 과소평가한 기우였다. 40대는 20여 년 전 MBC 〈질투〉(1992)를 보고 자라고 10년 전 MBC 〈내 이름은 김삼순〉(2006)의 등장에 '내 이야기'라며 열광했던 세대이며, 무엇보다 최근 몇 년간 한국의 TV 시청률을 견인하고 극장가의 흥행 대작 여부를 판가름했던 세대다. 〈응팔〉은 〈응칠〉과 〈응사〉로 이미 시리즈의 문법에 익숙한 20~30대 시청자층 위에 안방극장 리모콘의 통제권을 거머쥔 40대 시청자층을 올리면서 압도적인 타깃 시청자층을 확보할 수 있게 되었다.

제작진은 주인공 세대의 이야기에 포커스를 맞춘 전작인 〈응칠〉

과 〈응사〉보다 홈드라마의 성격을 더 강화하는 것으로 승부수를 띄웠다. 실제로 장르가 청춘물에서 홈드라마로 변하면서 부모 세대의 비중은 전작에 비해 월등히 증가했다. 자식 교육과 살림을 걱정하는 일화(이일화)와 동일(성동일)의 고민은 〈응답하라〉 시리즈에서 늘 빠지지 않던 테마였지만, 〈응팔〉은 여기에 무성(최무성)과 선영(김선영) 간의 러브라인이나, 미란(라미란)과 성균(김성균) 부부 사이의 애정문제 등을 얹어 40대들이 삶에서 직면하는 고민들을 보다 심도 있게 다뤘다. 올림픽 복권으로 졸부가 된 정환(류준열)이네와 빚 보증을 잘못 서줘 반지하 신세가 된 덕선이네를 붙여놓음으로써, 〈응팔〉은 당시엔 첨단문물이었던 홈 비디오 카메라와 점차 사라져가던 석유 곤로가 공존하던 생활상을 동시에 보여준다.

정환이 '에어 조던'을 신는 동안 덕선의 엄마 일화는 "애들에게 '메이커' 신발 하나 못 사준다"라며 남편 동일을 타박하고, 하루아침에 부자가 된 삶이 적응이 안 되는 정환의 엄마 미란은 스파게티를 '미국 국수'라 부르며 양푼에 삶은 파스타 면을 넣고 손으로 소스를 슥슥 비비는 것으로 부자들의 삶을 흉내 낸다. 외래 신진문물과 전통의 기묘한 동거가 어색하지 않던 시대를 그리기 위해, 그 시대를 관통해온 부모 세대의 이야기를 늘린 것이다. 지금처럼 빈부격차의 장벽이 아파트 출입 보안카드라는 물리적 형태로 선명하게 물화하기 전, 밥상에 머릿수를 맞춰 '계란후라이'를 올리기 어려운 집과 퇴근길에 '전기구이 통닭'을 사와서 온 가족이 나눠먹는 집이 함께 반찬을 공유하던 시대상은 그 부모 세대까지 아우르는 홈 드라마라는 장르를 만나 비로소 그 빛을 발한다.

> 자식이었고 부모가 된 세대를,
> 부모의 자리와 자식의 자리에 번갈아 세웠다

이는 자연스레 27년 전을 회고해야 하는 〈응팔〉 세대 시청자층의 정서를 사로잡았다. 〈응팔〉 속 부모 세대가 겪고 있는 온갖 시행착오는, 덕선과 동년배인 시청자들에겐 단순히 제 부모에 대한 회고에 그치는 것이 아니라 지금 당장 본인들이 겪고 있을 시행착오와 크게 다르지 않을 것이기 때문이다. 맏이에게 치이고 막내에게 양보하느라 늘 뒷전이던 둘째의 설움을 토로하는 덕선에게 동일이 수줍게 건네는 "잘 몰라서 그래. 아빠도 태어날 때부터 아빠가 아니잖아, 아빠도 아빠가 처음인데"라는 고백은 자식들과의 불화를 경험하기 시작했을 지금의 부모세대, 〈응팔〉 속 청춘들의 심정과 공명했다. 급변하는 시대를 어리둥절한 표정으로 관통하면서도 어떻게든 자식들을 건사하려 했던 부모들의 고뇌는, 여전히 사는 건 팍팍하고 전통적인 가정 모델의 해체가 가속화된 오늘날을 부모로 살아가며 자식 교육, 건강, 내 집 마련의 어려움과 중년의 위기, 자아 찾기 등의 문제와 직면한 지금의 40대를 어루만진다.

어느덧 그 시절 자신의 연배 언저리에 도달한 자식들과 함께 TV 앞에 앉은 〈응팔〉 세대는 드라마를 매개로 자식들에게 자신의 청춘을 설명해주는 동시에 자신의 부모를 떠올렸다. 이들은 〈응팔〉을 통해 자신들의 유년기를 회고함과 동시에 극 중에서 묘사된 부모 세대의 모습 위에 자신들을 투사하며 위안을 얻었다. 〈응팔〉의 홍보카피가 '내 끝사랑은 가족입니다'인 것 또한, 이제 가족을 책임져야 하는 자리에 가 있을 〈응팔〉 세대에게 제작진이 보내는 구애의 윙크다.

물론 40~50대뿐 아니라, 자신들의 젊은 날을 홈드라마 형식으로 다시 만나게 될 60~70대 부모 세대를 TV 앞에 앉히는 효과도 만만치 않았다. 지상파의 아침드라마와 저녁 일일드라마를 가장 열심히 시청하는 이 세대는, 자신들이 선호하는 홈드라마의 문법과 제 세대의 전성기를 그려 보이는 〈응팔〉에 40대 못지않은 충성도를 보였다. 부모 세대의 비중을 늘리고, 막내 진주를 통해 1980년대 생들의 기억까지 자극하면서 〈응팔〉은 역대 시리즈 중 가장 넓은 소구층을 확보하는 데 성공했다.

과거로 위장된 이상적인 공동체에 대한 비전을 끼워 팔다

〈응팔〉의 또 다른 무기는 상상으로 복원된 가상의 공동체다. 〈응답하라〉 시리즈는 늘 성동일 - 이일화 부부와 수많은 자식 친구들로 이루어진 유사 가족에 대한 비전을 그려왔지만, 〈응팔〉은 그 공동체에 대한 비전을 마을 공동체로까지 발전시켰다. 〈응팔〉은 고도발전이 어느 정도 진행된 1988년의 서울을 배경으로 하고 있지만, 동시에 누구 집에 수저가 몇 벌 있는지까지 다 알고 지내는 쌍문동 봉황당 골목이라는 공간을 내세운다.

〈응칠〉의 배경이 부산의 도심이었고 〈응사〉의 배경은 신촌 한복판이었음을 상기해보면, 도심도 벗어났고 개발의 속도도 느린 강북, 그중에서도 쌍문동을 찾아가 들어간 건 다분히 의도적이다. 1988년의 서울 그 자체를 제대로 담아냈다기보단, 모두가 쉽게 상상하고 감정을 이입할 수 있을 법한 이상적인 상상의 공동체를 그린 것이다(실제로 이런 공간이 1988년에 존재했다거나, 1988년의 지배적인 시대정서가 이런 게 아니라는 건 제작진이 더 잘 알고 있다. 무성에게 서울로 올라오라고 권하는 선영은 "여기는 김해보다 더 촌"이라고 말한다. 제작진 또한 작중 봉황당 골목이 당시 시대상에서 동떨어진 공간이란 걸 알고 있다고 자인한 셈이다). 〈응팔〉의 봉황당 골목은 단순히 가족주의로만은 치환되지 않는 돌봄과 연대의 마을 공동체다.

그러니까 〈응팔〉이 추구한 건 정확히 말하면 시대상의 노스텔지어가 아니라, 각박해진 현대 사회에 대비되는 이상향의 시공간에 대한 동경인 셈이다. 이웃끼리 서로의 사정을 알고 걱정해주며 힘이 닿는 선까지 돌보는 공간, 동일과 일화 부부로 대변되는 '일하는 남편과 살림 사는 아내'의 가부장제가 지배하는 골목이지만 동시에 맞벌이로 동룡(이동휘)을 보살필 짬을 내지 못하는 동룡의 모친(유지수)을 나쁜 엄마로 그리는 대신 '동룡이 엄마'가 아니라 '조수향'이란 자기 이름으로 살고 싶었다는 그의 욕망 또한 긍정하는 공간, 부자 미란은 자신의 부를 폭력적으로 과시하지 않는 대신 친구들에게 넘치도록 베풀고 살며 일화와 선영 또한 그 그늘에서 기죽거나 비굴해지지 않고 웃으며 공존하는 이상적인 소사회 말이다. 사람들은 당시 패키지로 복각된 '가나초콜릿'이나 '바나나맛우유'를 사 먹고 혁오가 리메이크한 '소녀'를 들으며 1980년대의 노스텔지어를 소비한다고 생각했겠지만, 사실 사람들이 소비한 건 1980년대 그 자체가 아니라 1980년대의 탈을 쓴 이상적인 공동체에 대한 욕망이었다.

과거를 턱없이 미화하는 이런 시도는 분명 어느 정도 퇴행적인 부분이 있다. 그러나 〈응팔〉은 과거로 위장된 이상향을 선보이는 것으로, 고통스러운 현재에 대한 대안을 조금이나마 제시한 셈이다. 우리는 앞서 복고 콘텐츠를 다룰 때엔 그 과거가 현재와 어떤 식으로 상호작용하는지 조심스럽게 접근해야 한다는 점을 함께 살펴본 바 있다. 그런 의미에서 〈응팔〉은 다소 논란의 여지는 있으나 과거를 해석하는 관점을 또렷이 해 오늘날에 대한 발언을 했고, 덕분에 역대 〈응답하라〉 시리즈 중 가장 까다로울 것으로 예견되었던 1980년대를 복원하면서도 소재를 소모적으로 착취하지 않은 채 무사히 마무리 지을 수 있었다. 두 차례나 과거로 돌아가고도 세 번째 시간여행에 성공한 것은, 앞선 기획을 게으르게 반복하고 소재를 착취하는 대신 이처럼 조심스레 소재에 접근해 기획의 생명력을 갱신한 세심한 접근 덕분이었다.

파도에도 허물지지 않을 기획의 고갱이

책을 쓰면서 가장 힘들었던 건 뭔가요. 누군가 대수롭지 않은 듯 툭 하고 물었다. 생각해보니 모든 게 빠르게 변해가는 시기였다는 점이 가장 곤란한 점이었다. 물론 세상에 변하지 않는 것은 없고 TV의 트렌드도 늘 어제와 오늘이 다르니, 언제는 뭐가 안 변하고 제자리에 있었겠느냐마는. 그렇다 해도 지난 몇 년은 한국 사회가 오랫동안 앓고 있던 병증들이 마침내 표면으로 드러나는 시기였다. TV를 시청하는 사람들과 TV 프로그램을 만드는 이들 모두 시대의 변화를 온몸으로 체감하고, 요구하고, 수용하는 일이 정신없이 일어났다. 남자들투성이였던 예능 프로그램에 대한 사람들의 개선 요구가 터져 나왔고, 그 결과로 KBS 〈언니들의 슬램덩크〉나 팟캐스트 〈비밀보장〉 등이 주목을 받았다. 지금껏 불변의 성공 모델인 줄 알았던 유재석과 강호동 양강체제가 저마다 시험에 처했고, 각자 자신의 방법으로 돌파하려 시도 중이다. 예전이라면 큰 논란이 되지 않았을 전현무나 성시경의 진행 스타일은 곧잘 비판의 대상이 된다.

　사람만 바뀐 게 아니라 포맷도 바뀌는 중이다. 한국에서 TV 방송이 시작된 지 60년 만에, TV보다 인터넷 방송을 더 친근하게 여기는 세대들이 등장했다. 유튜브나 아프리카TV, 다음 TV팟 등의 채널을 통해 진행자와 실시간으로 소통하는 것에 재미를 붙인 젊은 시청자들 입장에선 단방향인 TV의 호흡이 느리기 짝이 없었을 테니까. 단순한 취미활동으로 시작한 BJ들은 어느새 산업의 유의미한 거물들로 성장했고, 인터넷 방송의 요소들은 거꾸로 TV로 흘러들어왔다. 세대 자체가 TV보다 인터넷 방송을 더 친숙하게 여기는 시대인데 어쩔 수 있나. MBC 〈마이 리틀 텔레비전〉은 아예 인터넷 방송의 방식과 문법을 적극적으로 차용했다. 인터넷 방송은 TV 콘텐츠를 흉내 내며 시작했지만, 이젠 거꾸로 TV가 모방하고 따라잡아야 할 대상이 된 것이다. 단순히 인터넷에서 유행하던 유행어나 이미지를 야금야금 차용하던 시절은 예전에 끝났다. 플랫폼의 한계를 뛰어넘는 포맷의 변화라니, 엄청나지 않은가.

사람, 포맷에 이어 그간 주목받지 못하던 의제들도 중앙에 등장했다. TV에서 여성을, 정치를, 외국인을, 성소수자를 다루는 방식들에 차례로 질문이 던져졌다. 어디 그뿐인가. 콘텐츠 유통환경의 변화는 더 아찔하다. 한국의 콘텐츠 제작자들에게 황금의 땅인 것처럼 여겨지던 중국 시장은 어느 순간 수입 쿼터제를 걸었고, 사전심의를 강화했고, 공동제작에도 제한을 걸었다. KBS 〈태양의 후예〉가 기념비적인 흥행을 거두자 다들 완전 사전제작이 답이라고 생각했지만, 한반도 사드 배치 문제로 중국이 한한령을 발동한 이후 완전 사전제작을 둘러싼 흥분은 거짓말처럼 수그러들었다. 그럴 때마다 TV 프로그램을 기획하는 이들은 머리를 싸매고 어떻게 새로운 시대를 맞이할 것인지를 고민했고, TV에 대한 글을 쓰는 나 또한 같은 고민을 놓을 수 없었다. 이 책은 그런 와중에 쓰인 책이다. 모든 게 격변하는 시기인데, 과거의 사례에 대한 지식을 가지고 글을 쓰는 이가 무엇인들 확신을 하고 이야기할 수 있을까 고민하면서.

대중의 마음을 훔칠 만한 기획을 선보이려면 결국 대중이 무엇을 원하는지 그 욕망을 캐치해야 한다. 본문에서 함께 살펴본 것처럼 한국은 1990년대의 버블이 꺼진 이후 오랜 불황을 거치며 끊이지 않는 복고 콘텐츠들을 소비했고, 혼자 밥을 먹고 살아가는 이들이 많아질 무렵 먹방과 쿡방을, 아이를 낳고 키울 형편이 안 된다는 N포 세대가 등장할 무렵 육아 예능을 소비했다. 사람들에게 결핍된 것을 발견해 상품으로 만들어내는 과정은 결국 당대의 욕망을 읽어내고 그것을 기획의 언어 안에서 풀어내는 일이고, 시대를 읽는 일과 다르지 않다. 그런 탓에, 정치적으로든 경제적으로든 거대한 변화가 밀려올 지금 이 시기에 기획에 대해 이야기를 한다는 게 적잖은 부담이었다. 마치 파도가 밀려오는 걸 뻔히 보면서도 해변에서 모래성을 짓고 있는 어린애가 된 심정이었던 것이다. 시대의 파도가 휩쓸고 지나가고 나면 지금 쌓고 있는 이 성은 흔적도 없이 무용한 것이 되어버리는 건 아닐까. 기획에 대한 책을 쓰면서, 시간을 이겨낼 만한 고갱이만 남길 방법을 기획해야 했다.

파도를 버틸 만한 성을 완성하기 위해, 이 책에서 난 되도록 시류나 당대에 크게 흔들리지 않을 법한 이야기들 위주로 책을 구성했다. 과거에 성공했던 전략들을 다시 꺼내어 활용할 때 무엇을 주의해야 하는가, 거듭된 실패에도 포기할 수 없는 기획이라면 어떤 식으로 실패에서 배워 마침내 성공으로 견인해야 하는가, 곁다리를 생략하는 것을 통해 본질만 남기는 것이 얻을 수 있는 이점은 무엇인가, 약점을 강점으로 포장해서 선보이려면 어떻게 해야 하는가 등등. 예로 든 프로그램의 오늘만을 분석대상으로

삼는 대신 거쳐온 여정을 함께 살펴보며 흐름을 짚으려 노력했다. TV 프로
그램들이 숨 가쁘게 신설되고 폐지되기를 반복하는 탓에 이 책에서 언급한
예시들이 10년 뒤에도 유효할지 나로서는 알 수 없지만, 그 중심을 이루고
있는 기본 원리들은 시간이 지나도 크게 변하거나 흔들리지 않을 것이라
조심스레 자부해본다. 다가오는 변화들과 새로운 시대의 시류에 대한 전망
을 이야기하지 못한 것은 아쉬움으로 남지만, 그것에 대해 이야기할 다른
기회가 있을 것이라 생각하며 갈음한다.

본문을 함께해주신 독자분들이라면 눈치챘겠지만, 유재석과 MBC 〈무한
도전〉이 걸어온 행보에 대해 쓴 챕터가 내겐 가장 애착이 가는 대목이다.
단순히 내가 그의 팬이기 때문이거나 〈무한도전〉의 원년 팬이라서가 아니
다. 그들이 어떻게 반복된 실패와 폐지 5분 전 상황을 극복해냈는가 살펴
보는 여정은 드라마틱할 뿐 아니라, 반복된 실패 앞에서 주눅 들지 않고 다
시 도전하는 방법을 일러주기 때문이다. 우리는 "의지가 있으면 못할 일이
없다"라거나 "젊어 고생은 사서도 한다" 같은 말들에 등이 떠밀리곤 하지
만, 정작 어떻게 더 낫게 실패할 것인지 일러주는 스승을 만난 경험은 그리

많지 않지 않은가. 실패를 반복하다가 끝내 성공한 사례만 보면서 "당신도 할 수 있다"는 선전을 듣기만 했을 뿐, 구체적인 코칭을 받지는 못한 채 다시 또 똑같은 실패를 할 게 뻔한 환경으로 떠밀리는 이들을 보며 조금은 더 구체적인 사례를 보여주고 싶었다.

　사적인 이야기를 너무 많이 섞는 건 쑥스러운 일이지만, 난 가고자 했던 대학에 4번 낙방해 끝내 초등학교 때부터 꿔 왔던 오랜 꿈을 접어야 했다. 첫 직장에선 9개월밖에 버티지 못했으며, 어린 나이에 얼결에 일을 시작한 탓에 대학 졸업은 하염없이 뒤로 밀렸다. 천성이 우울하고 소극적인 나로선 뒤돌아볼 때마다 성공보다 실패와 삽질로 지난 세월을 셈하는 걸 피하기 어려운데, 운이 좋게도 내겐 실패해도 괜찮고 조금 망가져도 괜찮다고 말해주는 이들이 있었다. 실패로부터 배우면 된다고, 막히면 돌아가고 오늘이 어려우면 더 나은 내일을 기획하면 된다고. 그들의 조언과 응원 속에서 난 어제와 다른 내일을 기획해볼 수 있었다. 선택을 받는 입장에서 글쟁이가 독자를 선택할 수는 없겠으나, 바라는 게 있다면 이 책이 오늘의 젊음들과 만나 그들이 자신들의 미래를 기획하는 데 조금이나마 위로와 실질적인 도움이 될 수 있길 바란다. 마치 내가 힘들던 순간마다 내게 조언을 해줬던 이들이 그랬던 것처럼. 하도 오랜 시간 글을 만지작거린 탓에 내 글이 그 목적을 잘 수행했는지 판단하기 어렵다. 그 판단은 독자 여러분의 것으로 맡긴다.

글을 쓰면서 혼자서 큰 그림을 볼 수 없을 때마다 도움을 준 이들이 있다. 자신들의 왕성한 대중문화 소비를 기꺼이 공유해줌으로써 시류의 방향을 가늠하게 도와준 부마방 동인들, 제일 살가운 후배이자 가장 냉정한 비판자로서 늘 선배의 글이 지닌 맹점을 지적해주었던 〈오마이스타〉 유지영 기자, 그리고 지난 10년간 아이디어가 막힐 때마다 함께 고민해주고 내 모든 원고의 베타 리더가 되어 큰 그림을 함께 짚어준 내 가장 가까운 동지 유민지 씨에게 감사의 인사를 남긴다. 그러고 보니 본문에서 미처 말하지 못한 기획의 마지막 비밀은 이거였지 싶다. 당신이 신뢰할 수 있는 동지들에게 기획을 냉정하게 검증받으라. 내가 그랬던 것처럼.